16.11.1998

Auf Palau, einer Inselkette im Pazifischen Ozean, etwa 750 Kilometer östlich der Philippinen gelegen, herrscht eine matrilineare Kultur, die gegenwärtig die wohl am besten erhaltenen und ausgeprägtesten mutterrechtlichen Strukturen aufweist. Die 1889 von Deutschland gekauften, 1914 von den Japanern besetzten und seit 1979 unabhängigen Inseln bieten ein ethnopsychoanalytisches Forschungsfeld par excellence, auf dem die Autorin einige Zeit gelebt und gearbeitet hat. Die mutterrechtliche Gesellschaft von Palau hat Formen des Zusammenlebens herausgebildet, die sonst nirgendwo zu beobachten sind. Die innerfamiliären Strukturen, die Beziehungen zwischen Mann und Frau, die Kindererziehung, die Persönlichkeitsbildung, kurz alle sozialen Verhältnisse unterscheiden sich grundlegend von patriarchalisch orientierten Gesellschaften. So ist auch das psychoanalytische Modell menschlicher Entwicklung nicht ohne weiteres auf die Persönlichkeitsbildung in Palau zu übertragen, oder jedenfalls nur mit Abstrichen. Die von westlich-abendländischen Vorstellungen stark abweichende Gesellschaftsstruktur von Palau ist besonders geeignet, für absolut und »objektiv« gehaltene Sozialtheorien zu relativieren und dem Leser vor Augen zu führen, daß der Mensch weitgehend das Produkt seiner sozial vermittelten Umwelt ist.

Evelyn Heinemann, Prof. Dr. phil., lehrt Allgemeine Sonderpädagogik an der Universität Mainz. Ihr Forschungsschwerpunkt ist seit Jahren die interkulturelle Sonderpädagogik. Zahlreiche Veröffentlichungen zur Ethnopsychoanalyse. – Im Fischer Taschenbuch Programm sind von der Autorin erschienen: ›Hexen und Hexenangst‹ (Bd. 42326) und (mit U. Rauchfleisch u. T. Grüttner) ›Gewalttätige Kinder‹ (Bd. 10760).

Evelyn Heinemann

Die Frauen von Palau

Zur Ethnoanalyse
einer mutterrechtlichen Kultur

Fischer
Taschenbuch
Verlag

Geist und Psyche
Herausgegeben von Willi Köhler
Begründet von Nina Kindler 1964

3.–4. Tausend: Oktober 1995

Originalausgabe
Veröffentlicht im Fischer Taschenbuch Verlag GmbH,
Frankfurt am Main, Januar 1995

© 1995 Fischer Taschenbuch Verlag GmbH, Frankfurt am Main
Alle Rechte vorbehalten
Gesamtherstellung: Clausen & Bosse, Leck
Printed in Germany
ISBN 3-596-11816-6

Gedruckt auf chlor- und säurefreiem Papier

Editorische Vorbemerkung

Der Mensch, aufgewachsen in einer bestimmten Gesellschaft, neigt im allgemeinen dazu, seine Lebens- und Verhaltensweisen für »normal« und alle anderen für »abweichend« zu halten. Auch wenn er, ob als Tourist oder Geschäftsmann, regelmäßig fremde Gesellschaften besucht, so kann er sich doch nur schwer des Gefühls der Fremdheit und Ausgeschlossenheit erwehren. Der Mensch ist eben ein durch und durch sozial geprägtes Wesen, und er ist das, was er ist, immer nur in einer bestimmten Gesellschaft, in der er aufgewachsen ist. Er wäre ein anderer mit einer anderen Identität, wäre er in eine andere Gesellschaft geboren worden. Diese soziale »Konstruktion« individueller Identität wird dem Betrachter immer dann besonders bewußt, wenn er sich längere Zeit in einer anderen Gesellschaft aufhält, an ihrer Kultur teilhat und sich mit deren Lebensweisen vertraut macht. Eine Art »Kulturschock« erfährt er besonders dann, wenn die andere Gesellschaft sich in ihrer inneren Struktur grundsätzlich von der eigenen unterscheidet. Die meisten Menschen kennen nur patriarchale Strukturen, die sich allerdings seit einiger Zeit, vor allem im »Westen«, aufzulösen scheinen. Wer in einer vaterrechtlichen Gesellschaft aufgewachsen ist, muß eine mutterrechtliche als eine andere Welt oder Wirklichkeit erleben. Dem Leser dieses Buches wird es so ergehen. Ihm kommt allerdings eine spezielle Beobachtungsmethode zu Hilfe, die Ethnopsychoanalyse, welche die Theorien und Instrumente der klassischen Psychoanalyse auf das »Fremde« anwendet und so dessen inneren Zusammenhalt zu ergründen sucht. Unter diesem Blick wird auch das »Fremde« vertrauter, als man zunächst zu hoffen wagte.

wk

Meiner Gesprächspartnerin Masae gewidmet

Inhalt

Einleitung 9

I. **Palau** 17

   1. Geographie und Geschichte 19
   2. Palau aus mythologischer Sicht 22

II. **Die soziale Gemeinschaft** 25

   1. Matrilinearität 27
   2. Frauengeld und Männergeld 32
   3. Frauentitel und Männertitel 37
   4. Frauenklubs und Männerklubs 50

III. **Lebenszyklus** 61

   1. Kindheit 63
   2. Heirat 72
   3. Schwangerschaft und Geburt 79
   4. Die Zeremonie des ersten Kindes 85
   5. Tod und Beerdigung 92

IV. Religion und Magie ... 99

1. Totem und Tabu ... 101
2. Die Kopfjagd ... 105
3. Die Baumleserinnen ... 109
4. Das Medium von Ngchesar ... 115

V. Schluß:
Palau aus ethnopsychoanalytischer Sicht ... 121

Literaturverzeichnis ... 133
Anmerkungen ... 137

Einleitung

Auf der Suche nach einer Kultur, in der die Situation der Frauen nicht durch patriarchalische Strukturen geprägt ist, stieß ich auf die Inselrepublik Palau. Palau ist eine matrilineare Kultur, in der gegenwärtig die wahrscheinlich am besten erhaltenen und ausgeprägtesten mutterrechtlichen Strukturen zu finden sind.

Schon die deutschen Ethnologen Krämer und Kubary waren vor 100 Jahren von der Situation der Frauen auf Palau tief beeindruckt. Kubary, der von 1871 bis 1873 auf Palau lebte[1], schreibt: »Die Frauen sind die Adalal a pelu, Mütter des Landes, und Adalal a blay, Mütter des Stammes, und diese Stellung wird anerkannt nicht nur durch eine vollständige Gleichstellung mit den Männern in jeder Hinsicht, sondern auch in den religiösen Anschauungen...Dieser Wichtigkeit entsprechend, üben auch die ältesten Frauen des Blay (Hauses; E. H.) den entschiedensten Einfluß auf die Leitung der Angelegenheiten desselben und der Obokul (Mutterbruder; E. H.) thut nichts, ohne eine vorherige gründliche Berathung mit denselben, was sich in den großen Häusern auch auf staatliche und auswärtige politische Angelegenheiten bezieht.«[2]

Kubary berichtet auch über den Respekt, der Frauen zuteil wurde: »Ferner dürfen die Leute, die verschiedenen Häusern angehören, nicht unvorsichtig von den Frauen sprechen, überhaupt und insbesondere von den Ehefrauen. Eine Frage nach dem Befinden einer Frau würde für eine Beleidigung gelten, und die Sitte erlaubt dem Ehemanne, einen Anderen zu schlagen, wenn er ihren Namen nennt. Er darf nur scharfe Gegenstände nicht benutzen, sondern nur einen Stein oder einen Stock. Aus diesem Grunde sind die jungen Leute ausnehmend vorsichtig, und überhaupt wahren sie den äußeren Anstand aufs möglichste den Frauen gegenüber. Eine Frau nackt zu überraschen heißt, ein Stück Geld verloren zu haben, deshalb wenn ein Mann sich einer Badestelle nähert, so ruft er schon von weitem: E oa! E oa! ist eine Frau da, so hat sie Zeit, ihren Schurz zu nehmen. Solche Überraschungen kommen sehr selten und nur zufällig vor.«[3]

Krämer lebte 1909 neun Monate auf Palau[4] und resümierte: »Das ist das Mutterrecht in ausgesprochenster Bedeutung«, und: »Wer die Ausführungen über Mongolwesen und Heirat gelesen hat, wird sich mit mir trotz entgegenstehender Lehren nicht ganz der Ansicht verschließen können, daß der an Promiskuität grenzende freie Geschlechtsverkehr vor und auch in der Ehe die Ursache zu den ausgesprochen mutterrechtlichen Verhältnissen auf Palau geworden sein kann.«[5]

Vom ersten Tag an während meines Aufenthaltes in Palau im Frühjahr 1992 war ich tief beeindruckt von den Menschen dieser Kultur. Zunächst machte ich die für mich völlig verwirrende Erfahrung, daß ich mich bei meinen Gesprächen mit Männern oft wohler fühlte als bei Gesprächen mit Frauen. In den Gesprächen mit Männern fühlte ich Nähe, Vertrautheit, Wärme, wie ich es sonst in fremden Kulturen nur bei Gesprächspartnerinnen erlebte. Im Gegensatz dazu fühlte ich mich in der Gegenwart der Frauen reserviert. Frauen erschienen mir eher unzugänglich. Meine eigenen Verwirrungen waren mir ein wichtiger Hinweis auf eine völlig unterschiedliche Geschlechtersozialisation in Palau.

Meine Gefühle in der fremden Kultur sind aus Sicht der Ethnopsychoanalyse ein wesentliches Instrument, die fremde Kultur zu verstehen. Das Einlassen auf Interaktionen, auf Beziehungen, führt aus Sicht der Psychoanalyse zur Übertragung unbewußter Haltungen auf mich als Interaktionspartnerin. Da sich Sozialisation immer in Form von Interaktionen vollzieht, werden diese Interaktionen bei Übertragungen auf neue Interaktionspartner szenisch wiederholt, d. h., der Interaktionspartner löst bei mir emotionale Reaktionen aus, die seinen verinnerlichten Szenen entsprechen. Er drängt mich etwa dazu, mich zu fühlen, wie er sich in früheren Szenen fühlte (konkordante Haltung) oder wie sich sein Gegenüber fühlte (komplementäre Haltung). Dieser Übertragungsprozeß führt zu einer partiellen Identifizierung mit verinnerlichten Gefühlen meines Gegenübers, d. h., ich fühle mich in diesem Augenblick zum Beispiel, wie er sich in einer bestimmten vergangenen Szene fühlte.

Diese partielle Identifikation, auch Gegenübertragung genannt, ermöglicht mir in der Therapie die innere Situation des Patienten zu verstehen. Lorenzer[6] spricht vom »szenischen Verstehen«. Dieses Verstehen setzt das Einlassen auf Szenen, auf Interaktionen, voraus, damit mein Unbewußtes auf das Unbewußte meines Gegenübers reagieren kann. Übertragungen und Gegenübertragungen sind unbewußte Prozesse.

Das szenische Verstehen kann nicht nur in der Therapie, sondern auch als Forschungsinstrument in einer fremden Kultur eingesetzt werden. Dort hat es den Vorteil, daß ich kein spezifisches Setting benötige, um unbewußte Haltungen meines Gegenübers zu verstehen. Ich benötige in der fremden Kultur keine Couch und kann jede Alltagsszene, an der ich teilgenommen habe, als Erkenntnismöglichkeit nutzen. Das szenische Verstehen setzt allerdings die Reflexion meiner eigenen unbewußten Reaktionen voraus, und damit eine psychoanalytische Grundausbildung sowie die Fähigkeit, mich auf fremde Kulturen einzulassen, was Erfahrungen mit dem Leben in fremden Kulturen erfordert. So löst die Konfrontation mit fremden Kulturen Angst aus; Erdheim und Nadig[7] sprechen vom »sozialen Tod« in der fremden Kultur. Die Fremdheit und der andere Umgang mit Dingen des Alltags führen zu einer Verunsicherung meiner kulturellen Identifikationen und können so zu Widerstand führen. Widerstand wiederum kann Abwehr in Form von Idealisierung, Abwertung oder anderen Abwehrreaktionen zur Folge haben. Je länger ich in der fremden Kultur lebe, desto geringer kann der Widerstand werden, desto wahrscheinlicher ist die Möglichkeit, daß meine emotionalen Reaktionen auf partieller Identifikation beruhen und nicht Ausdruck meines Widerstandes und der ausgelösten Abwehrreaktion sind.

Die Selbstreflexion des Forschers ist ein wesentliches Forschungsinstrument in der fremden Kultur, das mir Aufschluß geben kann über verinnerlichte Sozialisationsprozesse, über die Konflikte von Menschen in einer fremden Kultur. Die emotionale Verstrickung mit den Menschen der fremden Kultur ist eine Voraussetzung für Selbstreflexion und damit Erkenntnis. Diese Erkenntnis muß nach Devereux[8] aber ergänzt werden durch andere Methoden der sozialwissenschaftlichen Untersuchung. Sie kann allein nicht als Erkenntnisinstrument genutzt werden.

In meiner Darstellung der Kultur Palaus versuche ich diese verschiedenen Erkenntniswege zu integrieren. Ich verwende ethnographische Erkenntnisse anderer Feldforscher, die manifesten Inhalte von Gesprächen, Dokumentationen aus dem Land selbst[9], und meine Selbstreflexion.

Die Selbstreflexion (Verstehen von innen) und die auf bewußten Informationen beruhenden Kenntnisse (Verstehen von außen) können dann mit Hilfe der psychoanalytischen Theorie gedeutet werden. Die Frage »Was löst der andere in mir aus?« steht dabei im Mittelpunkt der Selbstreflexion.

Ein Beispiel aus Palau: Wenn ich mit einer Gesprächspartnerin in ein Dorf fuhr und dort übernachten mußte, hatte ich eine für mich fremde Angst vor diesen Frauen. Erst nach Wochen konnte ich während eines Gespräches mit einer Gesprächspartnerin diese Angst vor Frauen verstehen. Als sie mir von ihren Erlebnissen im Menstruationshaus erzählte, wo Frauen von ihren Müttern defloriert und in die Sexualität eingeführt werden, assoziierte ich sofort meine Angst. In den aktuellen Szenen mit meinen Begleiterinnen reproduzierte sich unbewußt eine sexuelle Gewaltphantasie. Ich verstand meine Angst vor Frauen als Ausdruck dieses sexuellen Machtverhältnisses zwischen Frauen in Palau. Neben dieser Assoziation reflektierte ich, ebenfalls im Sinne des szenischen Verstehens, was die Schilderung meiner Gesprächspartnerin in mir auslöste. Hier zeigte sich ein Widerspruch. Da sie sehr erotisierend von ihren Erlebnissen sprach, fühlte ich mich in dieser Situation auch verführt.

Beide Gefühle, die von Angst und Verführung, sind Teil der Ursprungs-Szene im Menstruationshaus. Meine unbewußte Gefühlsreaktion vor diesem Gespräch ermöglichte mir noch kein Verstehen. Ich wußte nur, daß meine Angst etwas mit dem Verhältnis der Frauen untereinander zu tun haben mußte. Erst das Gespräch, der manifeste Gesprächsinhalt über die Vorgänge im Menstruationshaus, ermöglichte mir zusammen mit meiner Selbstreflexion die Erkenntnis über einen Ausschnitt der fremden Kultur. Über die Selbstreflexion kann ich die unbewußte Dimension einer Szene erfassen, denn Aggressionen oder Ängste können auf der manifesten, bewußten Ebene verleugnet oder verdrängt sein und so nicht in Erscheinung treten. Mit Hilfe der psychoanalytischen Theorie kann ich dann das Verhalten zum Beispiel als Pubertätsritus deuten, der die Unterwerfung der jungen Frauen unter die älteren sichern soll, analog etwa zu männlichen Pubertätsriten in patriarchalischen Kulturen, wo Knaben beschnitten werden, was im Sinne einer symbolischen Kastration die Unterwerfung der Knaben unter die älteren Männer bedeutet.

Der Ethnopsychoanalyse geht es dabei nicht um Pathologisierung einer fremden Kultur. Jede Kultur hat ihre eigenen Sozialisationspraktiken und damit auch ihre eigenen psychodynamischen Konflikte. Es geht um das Verstehen des spezifischen Verhältnisses von Individuum und Gesellschaft, nicht um eine Abwertung oder Idealisierung anderer Kulturen.

Welche Bedingungen möglicherweise maßgebend sind für die Stellung der Frauen in dieser matrilinearen Kultur und welche Auswirkungen diese wiederum auf die Sozialisation der Geschlechter haben, möchte ich am Schluß dieser Arbeit diskutieren. Zuerst möchte ich eine der faszinierendsten Kulturen, die ich kennengelernt habe, von »außen« und »innen« beschreiben.

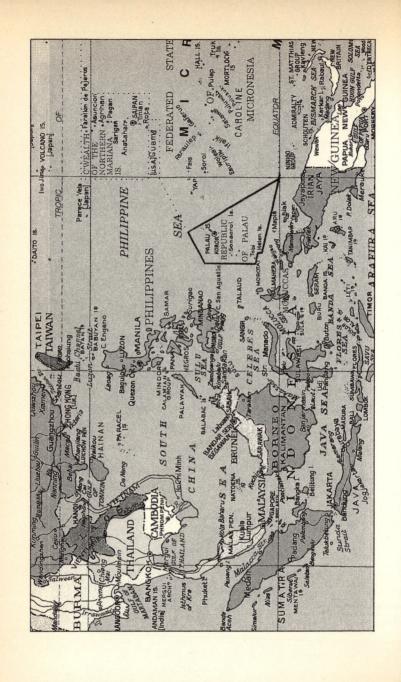

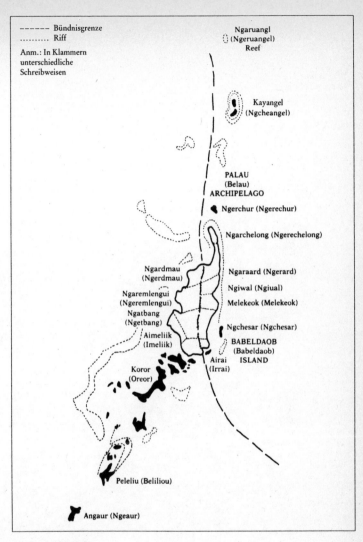

Die Republik Palau

Linke Seite: *Die Inselwelt des Pazifik*

I. Palau

1. Geographie und Geschichte

Die Inselwelt des Pazifischen Ozeans gliedert sich in drei Inselgruppen. Im südlichen Teil liegt Polynesien (Vielinseln), im westlichen Teil Melanesien (Schwarzinseln) und im nördlichen Teil Mikronesien (Kleininseln). Zu Mikronesien zählen die Marshallinseln, die Karolinen, die Marianen und die Gilbertinseln.

Die Republik Palau gehört zu den westlichen Karolineninseln und ist der westlichste Teil Mikronesiens, nur etwa 750 km östlich der Philippinen gelegen. Palau besteht aus etwa 343 Inseln[10], von denen nur fünf bewohnt sind, nämlich Koror, Babeldaob, Peleliu, Angaur und Kayangel[11]. Babeldaob ist mit 392 qkm die größte Insel, die anderen Inseln sind zusammen nur etwa 95 qkm groß[12].

Palau besteht aus einer Inselkette vulkanischen Ursprungs sowie den Korallenatollen Kayangel und Angaur. Die Inseln ziehen sich über etwa 201 km von Norden nach Süden hin. Mit Ausnahme von Kayangel im Norden und Angaur im Süden liegt die Palau-Gruppe innerhalb eines Barriere-Riffs, das etwa 105 km lang ist und die Lagune schützt, die übersät ist mit kleinen Felseninseln.

Palau wurde von Europäern erstmals 1543 gesichtet, nämlich von Ruy Gomez de Villalobos. Er nannte Palau die Riffinsel[13]. Am 30. September 1579 ging Sir Francis Drakes Schiff »Golden Hind« in den Gewässern Palaus vor Anker. Die eigentliche »Entdeckung« Palaus machte aber Kapitän Henry Wilson, der mit seinem Schiff »Antilope« am 10. 8. 1783 in der Nähe Korors Schiffbruch erlitt[14]. Die Mannschaft ging auf einer unbewohnten Insel an Land. Am nächsten Tag kamen zwei Kanus mit acht Bewohnern von Palau. Einer der Männer der Palauer sprach Malaysisch, da er von einem Handelsschiff geflohen war. Von Wilsons Mannschaft sprach ebenfalls ein Mann Malaysisch, so daß eine sprachliche Kommunikation möglich war. Vielleicht war dies der Grund, daß die Engländer sehr freundlich empfangen wurden.

Die Felseninseln

Wilson unterstützte den Häuptling von Koror bei dessen Kriegen mit Feuerwaffen, während seine Mannschaft ein neues Schiff baute. Dies war ein bedeutender Eingriff in die Machtbalance innerhalb Palaus und hatte den Aufstieg von Koror zur dominierenden Ortschaft zur Folge. Abba Thulle war zur damaligen Zeit Häuptling von Koror. Als Wilson sein neues Schiff gebaut hatte und Richtung England aufbrechen wollte, gab er ihm seinen zweiten Sohn, Lee Boo, mit, damit dieser in England lerne, dann zurückkomme und seinen Leuten helfe. Lee Boo starb nach nur etwa fünf Monaten Aufenthalt in England an Pocken.[15]

Nach Wilsons Rückkehr wollten die Engländer Palau als ihr Eigentum proklamieren, aber das hatten bereits die Spanier getan. 1885 verkündete der Papst offiziell, daß Palau zu Spanien gehöre. Die Spanier versuchten aber nicht, die Kontrolle über die Inseln zu erlangen. 1899 wurden die Inseln nach dem spanisch-amerikanischen Krieg an Deutschland verkauft. Die Bevölkerung war nach 120 Jahren Kontakt mit den Europäern durch deren Krankheiten von ursprünglich 20 000 bis 40 000 auf 4000 geschrumpft. Die Deutschen verbesserten die medizinische Versorgung und studierten die Traditionen der Inseln. Ab 1909 konzentrierten sie sich auf Angaur, wo sie Phosphat abbauten. 1914 besetzten die Japaner Palau, das ihnen 1920 offiziell zugesprochen wurde. Die Japaner bauten Koror zu einem administrativen Zentrum aus.

Nach dem Zweiten Weltkrieg wurde Palau unter die Treuhandschaft der Vereinten Nationen gestellt, welche den USA die administrative Autorität für Palau zuwiesen. 1979 entwarf Palau seine eigene »nuklearfreie« Verfassung, die 1981 nach drei Wahlen von der Bevölkerung akzeptiert wurde. Als Gegenleistung zu diesen Selbstbestimmungsrechten und finanziellen Zuwendungen von rund einer Milliarde Dollar fordern die USA militärische Stationierungsrechte. Zwischen 1983 und 1987 fanden fünf Volksabstimmmungen über den Nuklearpassus in der Verfassung statt, da dieser den Stationierungsrechten im Wege stand. Die benötigten 75 Prozent der Wählerstimmen zur Abschaffung des Passus wurden nicht erreicht. Der Vertrag mit den USA konnte bisher noch nicht in Kraft treten. Angaur soll zum Luftwaffen-, Koror zum Flottenstützpunkt ausgebaut werden, und auf Babeldaob ist ein Heer- und Marinestützpunkt geplant. Der Druck auf Palau hat sich nun nach Abzug der Amerikaner aus den Philippinen erheblich erhöht.[16]

Palau hatte 1990 eine Gesamtbevölkerung von 15122, von denen 10493 in der Hauptstadt Koror lebten. Etwa 46 Prozent der gegen Lohn arbeitenden Bevölkerung sind Staatsangestellte, von denen wiederum 40 Prozent Frauen sind.[17]

Der hohe Anteil der Beschäftigten im Staatsdienst fördert die Abhängigkeit von den USA. Gleichzeitig bewirkt die hohe finanzielle Unterstützung durch die USA, daß die Bevölkerung sich einen hohen Anteil an ausländischen Arbeitern, vor allem Arbeiterinnen, leisten kann. 1991 arbeiteten in Palau 2279 Philippiner, meist junge Frauen, als Hausangestellte.[18]

In Palau herrscht verhältnismäßig wenig Armut; es gibt keine Slums, und das Land bietet reichlich Nahrung im Wasser und auf den Feldern. So gab es bis vor kurzem nur eine geringe Kriminalitätsrate. Sie steigt aber aufgrund jugendlicher Täter, denen die Orientierung an Traditionen fehlt und die stärker vom amerikanischen Lebensstil geprägt sind.

2. Palau aus mythologischer Sicht

Der Ursprung Palaus aus Sicht der südlichen Landesteile:
Chuab der Riese

»Vor langer Zeit bestand Palau lediglich aus zwei Inseln, Peleliu und Angaur. Eines Tages gebar auf der Insel Angaur eine Frau mit dem Namen Latmikaik einen Jungen, den sie Chuab nannte. Am Morgen nach Chuabs Geburt war seine Mutter erstaunt, daß er schon krabbelte, und ihr Erstaunen wuchs, als Chuab am nächsten Tag laufen lernte. Er wuchs weiterhin sehr schnell und aß riesige Portionen, so daß sein Essen an einer Bambusstange festgebunden und zu seinem Mund emporgehoben werden mußte. Gelegentlich reichte er in ein Schweinegatter, aß die Schweine oder griff manchmal sogar nach jungen Kindern, die er aß, um seinen enormen Appetit zu befriedigen.

Die Sorge der Dorfbewohner um den hungrigen Riesenjungen in ihrer Mitte wuchs, und sie gingen zu Latmikaik, um sie um Rat zu fragen. Die Mutter gestattete resignierend, Chuab zu töten. Die Menschen sammelten Feuerholz und bauten damit einen Scheiterhaufen im Zentrum des Dorfes. Chuab bemerkte diese ungewöhnliche Aktivität und fragte seine Mutter, was die Menschen tun. Latmikaik erzählte ihrem Sohn unter Tränen, daß die Dorfbewohner ein spezielles Essen für ihn vorbereiteten. Nachdem genug Holz gesammelt war, baten die Menschen Chuab, in der Mitte zu stehen, da sie ihn ehren wollten. Ohne daß er es bemerkte, legten sie getrocknete Kokusnußblätter auf den Scheiterhaufen und zündeten sie an. Chuab wurde sofort von den Flammen verschlungen, fiel nieder und starb. Er war so riesig, daß Teile seines Körpers aus dem Wasser herausschauten und die Inseln Palaus bildeten...«[19]

Der Ursprung Palaus aus Sicht der nördlichen Landesteile:
Der Fisch hervorbringende Brotfruchtbaum von Ngibtal

»In den alten Tagen von Palau wohnte eine alte Frau namens Dirrabkau allein in der Nähe des Dorfes Ngiwal auf der Insel Ngibtal. Die Frau hatte einen Sohn namens Mangidabrutkoel, den sie nicht oft sah, weil er viel auf Reisen war.

Nach dem Fischen gingen die Männer von Ngibtal immer am Haus von Dirrabkau vorbei, aber sie teilten niemals ihren Fang mit ihr. So konnte die Frau, obwohl sie Fisch mochte, keinen essen. Sie ernährte sich von den Früchten des Brotfruchtbaumes, der in ihrem Garten stand. Eines Tages kam Mangidabrutkoel nach langer Abwesenheit seine Mutter besuchen, und sie ergriff die Gelegenheit, sich bei ihrem Sohn zu beschweren, daß andere viel Fisch hätten, während sie nie welchen für ihren Topf habe. Mangidabrutkoel hatte Mitleid mit seiner Mutter, und so ging er, bevor er zu seiner nächsten Reise aufbrach, in den Garten und schlug einen Ast von dem am Ufer stehenden Brotfruchtbaum ab. Das Wasser ergoß sich aus dem Stumpf und mit jeder Woge kamen Fische aus dem Baum. So hatte seine Mutter eine stetige Quelle von Fisch in ihrem Garten.

Dieser Brotfruchtbaum wurde zum Neid aller anderen Menschen der Insel. ›Während wir auf die See hinaus müssen für unseren Fisch, kann die alte Frau ihren Fisch bekommen, indem sie unter dem Baum sitzt‹, klagten sie. Schließlich waren sie nicht in der Lage, ihren Neid zu ertragen, und sie gingen zu Dirrabkaus Haus und schlugen den fischhervorbringenden Baum nieder. Das Wasser floß aus dem Baumstumpf in einem reißenden Strom heraus, und sehr bald war die ganze Insel überflutet und alle neidischen Leute ertrunken.«[20]

Durch dieses Ereignis wurde Dirrabkau, die einzig Überlebende, zur Göttin Milad. Milad gebar vier Kinder, drei Söhne und eine Tochter, welche die heutigen Dörfer Aimeliik, Koror, Ngeremenlengui und Melekeok, die wichtigsten Machtzentren Palaus, gründeten.[21]

Entsprechend der dualen Organisation der Kultur Palaus besitzen der südliche und nördliche Teil unterschiedliche Ursprungsmythen, die in den verschiedensten Variationen vorliegen.

Kulturtypische Konflikte, die im Laufe der Sozialisation ins Unbewußte verdrängt werden, können durch Mythen – analog zur Traumarbeit – in verkleideter Form bearbeitet oder abgewehrt werden. Sie geben wichtige Anhaltspunkte für Konflikte des ethnischen Unbewußten. Das ethnische Unbewußte ist nach Devereux[22] jener Teil des Unbewußten, den ein Individuum gemeinsam mit der Mehrzahl der Mitglieder seiner Kultur besitzt.

»Unter den kulturellen Materialien sind es z. B. die Mythen, die in gewisser Hinsicht auch Abwehrmittel darstellen, denn sie bieten eine Art unpersönlichen ›Kühlschrank‹, in den die durch innere Konflikte hervorgerufenen Phantasien ›eingelagert‹ werden können. Diese Phantasien sind zu stark mit Affekten beladen, um verdrängt zu werden, andererseits aber zu ego-dyston, um als subjektiv, d. h. als dem Selbst zugehörig erkannt zu werden.«[23]

Im Mythos von Chuab beginnt die Geschichte Palaus mit der Überwindung der oralen Gier in Form eines Menschenfressers und der aus der Gier resultierenden Angst, gefressen zu werden. Auch in der Geschichte von Milad geht es um Oralität, nämlich oralen Neid. Die Menschen, die beherrscht sind von oraler Gier und Neid, werden zerstört. Die Geschichte des Landes beginnt in beiden Mythen mit der Überwindung oraler Gier. Das Thema Essen, Gier und Neid stellt diesen Mythen zufolge einen zentralen Konflikt im ethnischen Unbewußten der Menschen dar.

II. Die soziale Gemeinschaft

1. Matrilinearität

»Mechutedil«

»Die Geschichte handelt von einem Mann namens Ngirchedelchil und seiner Schwester, Mechutedil. Sie hatten keine anderen Brüder oder Schwestern und wuchsen zusammen in Ngebuked auf. Die Schwester heiratete und zog in ein entferntes Dorf. Ihr Ehemann produzierte und verkaufte Stränge von Kokosnußfasern. Mechutedil war keine schöne Frau, und ihr Bruder Ngirchedelchil mochte sie nicht. Außerdem dachte er, daß Mechutedils Ehemann kein Mann von besonderer Männlichkeit sei, denn alles, was er tat, war, Kokosnußfasern zu schlagen und zu schnüren. ›Was kann ein Mann mit einem solchen Beruf vollbringen?‹ fragte er sich.

Ngirchedelchil produzierte Kokosnußsaft. Er gab Fremden zu essen, dachte aber nie an seine Schwester. Seine Schwester und ihr Ehemann versuchten ehrlich zu leben, und schafften es, Geld zu sparen. Eines Tages übernahm der Klub, dem Ngirchedelchil angehörte, eine erdrückende finanzielle Verpflichtung. Es war das ›omengedkad‹, das Koror gegeben werden mußte. Als der Tag kam, hatte Ngirchedelchil kein Geld, um die Verpflichtungen des Klubs zu erfüllen. Er lief noch immer wie auf glühenden Kohlen von einem Ende Palaus zum anderen, um Geld zu leihen. Es war schon Zeit für den Aufbruch, und er hatte seinen Beitrag nicht zusammen. Als seine einzige Schwester von den Problemen ihres Bruders hörte, nahm sie einen Teil ihrer Ersparnisse und brach nach Klebeang auf. Als sie dort ankam, stellte sie sich hinter einen der Pfosten der Kanuhäuser und dachte bei sich: ›Ich frage mich, ob mein Bruder, der sich meiner schämt, lieber sterben will, als daß ich in der Öffentlichkeit zu ihm gehe?‹

Ngirchedelchil saß entfernt von allen anderen; er schaute verlassen drein, machte sich Sorgen und war in Schweiß gebadet. Mechutedil versteckte sich noch immer hinter dem Pfosten und zögerte, ihren Bruder zu rufen. Da drehte er sich herum, und Mechutedil rief ihn an. Er kam zu ihr. Als er bei ihr war, fragte sie: ›Hast du alles zusammen?‹ ›Noch nicht‹, antwortete er und sah bleich aus. Deshalb sagte Mechutedil: ›Dies ist dein Geld. Obwohl häßlich, bin ich immer noch eine Frau und deine Schwester.‹ Als sie dies sagte, seufzte Ngirchedelchil tief und war sprachlos. Er weinte vor Freude und erkannte seine Fehler.

Und so wurde Mechutedil ein Beispiel. Von dieser Geschichte können wir lernen: ›Keiner sollte seine häßliche Schwester oder Verwandten hassen‹.«[24]

Im Zentrum des Verwandtschaftssystems in Palau steht die Beziehung der Schwestern zu ihren Brüdern, eine Beziehung, die durch das männliche und weibliche Haupt des Klans (meist Mutter und Mutterbruder) unterstützt wird. Schon der Schöpfungsmythos von Milad beschreibt die kulturelle Bedeutung der Bindung zwischen Bruder und Schwester. Die vier höchsten Distrikte innerhalb Palaus sind in Form von Geschwistern miteinander verwandt.

Die dyadische Beziehung zwischen Frau und Ehemann ist nur Teil einer wichtigeren Tauschbeziehung zwischen dem Ehemann und seinen Schwestern auf der einen und der Ehefrau und deren Brüder auf der anderen Seite. Die Seite der Ehefrau muß Essen und Dienste liefern, die Seite des Ehemannes muß Geld zahlen. Während der gesamten Zeit der Ehe kommt es zu rituellen Tauschhandlungen. Diese komplementäre Beziehung zweier Seiten wird auch beschrieben als »das eine Bein und das andere Bein«. Die Schwestern des Mannes sind seine Geldquelle; sie erhalten das Geld wiederum von ihren eigenen Ehemännern.[25]

Die Aufgabe der Frau ist es, die Geschäfte des Bruders zu unterstützen. Um Geld zu verdienen, sollte sie heiraten. Sexuelle Dienste der Frau gegenüber dem Ehemann werden auch als Arbeit angesehen, die bezahlt werden muß. Der Status einer Frau in ihrem Klan wächst durch ihr Einkommen als Ehefrau.

Vor einer Heirat wird sorgfältig erwogen, wie viele Geschwister die zukünftige Ehefrau hat. Ein Mann soll keine Frau mit vielen Brüdern heiraten. Als Ehefrau muß die Frau zuviel Geld verlangen, um die vielen Brüder finanziell unterstützen zu können. Ein Mann mit vielen Schwestern wird der glücklichste Mann Palaus genannt, weil jede Schwester für ihn eine Geldquelle darstellt.

Durch Geldeinnahmen kann eine Frau im Rang des Klans aufsteigen. So kann eine jüngere Schwester durch mehr Geldeinnahmen im Rang höher stehen als ihre ältere Schwester. Die Brüder konkurrieren um die Geldeinnahmen ihrer Schwestern. Die engste aller Beziehungen ist die zwischen Brüdern und Schwestern; sie gilt als stärker als die zu den Kindern. Der Bruder ist als Mutterbruder verantwortlich für die Kinder der Schwester.

Als Vater eines Kindes gilt nur der Mann, der mit der Mutter des Kindes verheiratet ist und seinen finanziellen Verpflichtungen nachkommt. Wenn das Ehepaar nicht mehr verheiratet ist, darf das Kind seinen leiblichen Vater nicht mehr Vater nennen, und er darf öffentlich sein Kind nicht mehr als sein Kind bezeichnen. Der Vater hat das Recht (solange er Vater ist), Kinderdienste in Anspruch zu nehmen, d. h. die Kinder für sich arbeiten zu lassen.

Die Schwester gibt dem Bruder das Geld für dessen Ehefrau. Die Ehefrau erhält von den Ehefrauen ihrer Brüder Essenspakete, die sie der Seite des Ehemannes übergibt. Die Ehefrau prüft genau, wieviel Essen die Ehefrau jedes Bruders gebracht hat. Die Essenspakete bestehen aus einer unteren Schicht mit Taro, ersatzweise gekochtem Reis oder Tapioca. Darüber befindet sich proteinhaltige Nahrung, die von den Brüdern bereitgestellt wird: Fisch, Schwein, Huhn oder Taube. Jede Frau, die ein Essenspaket gibt, erhält von den Schwestern des Ehemannes Pakete mit Plastikschüsseln, Waschpulver, Baumwollkleidung und eventuell »Frauengeld«. Die Teilnahme an den Tauschverpflichtungen soll die Verwandtschaft festigen.[26]

Die matrilineare Abstammung führt in Palau zu einer starken Bindung der Geschwister untereinander. Dabei besteht eine seltsame Diskrepanz zwischen der Situation der Frauen und der Männer als Geschwister und als Ehegatten. Als Ehefrau muß die Frau hart arbeiten, die Schwestern ihres Ehemannes zufriedenstellen und ist von diesen abhängig. Sie lebt im Haus des Ehemannes. In früheren Zeiten konnten die Schwestern vom Bruder fordern, sich scheiden zu lassen, wenn sie mit der Arbeit der Ehefrau unzufrieden waren. Als Ehefrau hat die Frau keine starke Stellung. Als

Schwester dagegen hat sie Macht und Einfluß. Sie ist es, die dem Bruder das Geld zum Hausbau und für seine ehelichen Verpflichtungen gibt.

Als ich bei einer Gesprächspartnerin zum Abendessen eingeladen war, hatte die Ehefrau des Bruders fast das gesamte, reichliche Mahl für 20 Personen bereitet. Meine Gesprächspartnerin lobte die Ehefrau und meinte stolz, wenn sie Geld für ihren Bruder brauche, werde sie alles tun, um ihr das benötigte Geld geben zu können. Die Ehefrau erschien mir wie eine Dienerin meiner Gesprächspartnerin.

Der Mann hat als Ehemann ebenfalls wenig Macht, denn die Kinder gehören zum Klan seiner Frau, und das Geld, das er seiner Frau geben muß, erhält er von seinen Schwestern. Als Bruder dagegen verfügt er über ein gewisses Maß an Macht und Einfluß. Als Mutterbruder hat er die letzte Verantwortung für die Kinder der Schwester; zum Teil hat er eine bedeutendere Rolle als der Vater der Kinder.

Auf die Frage: »Was löst die Geschichte von ›Mechutedil‹ in mir aus?« spüre ich ein Gefühl der Diskrepanz. In der Realität erlebte ich Schwestern als ungeheuer mächtig, in der Geschichte ist die Schwester extrem bescheiden und ängstlich. Die Geschichte drückt wohl eher den Wunsch aus, die Schwestern mögen sich bescheidener ihren Brüdern gegenüber verhalten, und insofern stellt sie möglicherweise ein Ideal dar, das die konträren Impulse unterdrücken helfen soll.

Innerhalb des Klans herrscht strenges Inzesttabu. Schwester und Bruder sollen nicht allein im Haus sein. Meine Gesprächspartnerin erzählte mir, daß sie einmal mit ihrem Bruder in einem Zimmer war, weil er sie als Botin für ein Rendezvous mit einem Mädchen einspannen wollte. Kaum hatten sie die Türe hinter sich geschlossen, trat ihre Mutter wütend die Türe ein und schrie sie an, sie solle dies nie wieder tun.

Zum Tabu gehört auch, daß weibliche Mitglieder eines Klans nicht mit dem Verwandtschaftsgrad angesprochen werden dürfen. Man darf nicht fragen, ob die Schwester zu Hause ist, und in der Öffentlichkeit reden sich Geschwister nicht mit der Verwandtschaftsbezeichnung an[27]. Das Nennen der Mutter ist eine schwere Beleidigung. Nennt ein Mann in Gegenwart eines anderen dessen

Mutter, so entsteht zwischen den Männern sofort ein erbitterter Kampf – so einer meiner Gesprächspartner.

Die Geschwisterbeziehung ist tabuisiert und von einer streng ritualisierten Kontrolle des Tausches Essen gegen Geld geprägt. Oraler Neid kann durch ritualisierte Formen des Gebens und Nehmens abgewehrt und beherrscht werden. Der Tausch fördert die Bindung im Sinne einer interpersonalen Abwehr bzw. Bewältigung[28]. Das Tauschprinzip dient der Abwehr bzw. Bewältigung eines oralen Triebkonfliktes, dessen Ursprung in den Kindheitsbedingungen zu suchen sein wird.

2. Frauengeld und Männergeld

Die Geschichte von der Entdeckung des palauischen Geldes

»Auf der Insel Kayangel im Norden von Palau lebte ein Mann namens Redechor, der als das beste Oberhaupt, das die Insel je hatte, angesehen wurde. Er war kein Mann, der alles für sich selbst haben wollte. Er sorgte für die Bedürfnisse seiner Leute, behandelte sie gut und respektierte ihr Eigentum.

Eines Nachts fuhren Rdechor und sein Lieblingssohn auf das Meer hinaus zum Fischen. Als sie den Platz erreichten, den sie kannten und von dem sie wußten, daß dort viele Fische waren, ließen sie ihren Anker in das tiefblaue Wasser hinab. Sie warfen ihre Angeln aus, aber sie fingen nicht einen Fisch, so daß sie zu einem anderen Platz weiterruderten. Während sie paddelten, sah Rdechor in der Ferne eine seltsame, große und dunkle Gestalt. Er wunderte sich und rief seinem Sohn zu, der im vorderen Teil des Kanus saß: ›Siehst du die große Gestalt dort vorn? Es kann keine Insel sein, denn ich weiß, daß hier herum keine Inseln sind.‹

Als sie sich der Gestalt näherten, sahen sie, daß es sich tatsächlich um eine Insel handelte. Um sicher zu gehen, befestigten sie ihr Kanu und entschlossen sich, bis zum Morgen zu bleiben. Während Rdechor schlief, ging sein Sohn von Bord, um die Insel zu erkunden, und fand viele Arten schöner Steine. Er begann mit den Steinen zu spielen und warf sie in Richtung Meer, aber sonderbarerweise kamen sie zur Insel zurück. Er versuchte es viele Male, und das gleiche geschah immer wieder. So ging er einen Korb holen, füllte ihn mit so vielen Steinen, wie der Korb fassen konnte, und brachte den Korb zum Kanu zurück.

Als Rdechor und sein Sohn am nächsten Morgen aufwachten, sahen sie, daß ihr Kanu abgetrieben und die Insel verschwunden war. ›Wir müssen die Insel geträumt haben‹, sagte er zu seinem Sohn.

Aber sein Sohn zeigte ihm aufgeregt den Korb: ›Schau, Vater, ich habe diese Steine auf der Insel gesammelt, so daß es Wirklichkeit gewesen sein muß.‹ Als Rdechor in den Korb sah und die Steine untersuchte, fand er, daß sie sich von allen Steinen, die er gesehen hatte, unterschieden, und er erkannte, daß sie wertvoll waren und zu Geld gemacht werden könnten. Und so begann man palauisches Geld zu gebrauchen.«[29]

Mengailuodel, die hungrige Göttin

»Mengailuodel konnte in ihrem Dorf Ngchesar nicht satt werden. Sie zog nach Ngardmau, konnte aber dort auch nicht satt werden. Sie zog dann zum Haus des Reklai von Melekeok, aber auch dort konnte das Essen sie nicht sättigen. Der Reklai sandte eine Botschaft zu Uong von Ngiwal, die lautete: ›Komm und nimm die alte Frau und gib ihr zu essen.‹ In Ngiwal wurde sie immer noch nicht satt. So sandte Uong eine Botschaft zu Madrengbuked mit der Frage, ob er die Speisen für Mengailuodel übernehme. Madrengbuked brachte sie zum Haus des Tublai und sandte eine Botschaft zu Chuoretei von Ngerchelong, er solle Rochen, Muscheln und Haifische bringen. Mengailuodel aß und aß, bis sie schließlich satt war. Dann fragte sie nach einer grünen Kokosnuß, um ihren Durst zu löschen. Nachdem sie getrunken hatte, ließ sie einen ›elebucheb‹ in eine Schale fallen, ein sehr wertvolles Stück palauisches Geld. ›In drei Tagen werde ich sterben, bitte begrabt mich‹, sagte sie zu Madrengbuked.

Einige Tage nach ihrer Beerdigung konnten sie die Überreste von Mengailuodel nicht finden, aber Madrengbuked entdeckte das Geld in der Schale. Sie lernten später, daß Mengailuodel eine Göttin war und das Geld, das sie Madrengbuked gab, war ihre Belohnung, ihre Dankbarkeit für seine Ausdauer, sie mit Essen zu versorgen.«[30]

Das traditionelle Geld, das noch heute neben dem US-Dollar besteht und das soziale Leben regelt, hat eine herausragende Bedeutung in der sozialen Gemeinschaft Palaus. Es gibt das Männergeld, auch palauisches Geld (»udoud«) genannt, und das Frauengeld

(»toluk«). Das Männergeld ist heilig, da es als ein Geschenk der Götter betrachtet wird.[31]

Woher das palauische Geld wirklich kommt, weiß heute niemand. Vermutlich wurde es vor Hunderten von Jahren aus Indonesien, Malaysia oder China eingeführt[32]. Es stammt jedenfalls nicht aus Palau selbst. Das Geld ist Besitz des Klans, kein individueller Besitz. Da kein neues Geld mehr hinzukommt, kann ein verlorengegangenes Stück nicht ersetzt werden. Heute sind noch etwa 3000 Stück bekannt.

Entscheidend für die Bestimmung des Wertes sind das Material, die Größe, die Farbe und die Geschichte des einzelnen Stückes. Den höchsten Wert hat ein Stück Geld aus gebranntem Ton in gelber Farbe, den zweithöchsten Wert hat das gleiche Stück in roter Farbe. An dritter Stelle rangieren Glasperlen aus klarem Grün, solche in dunklen Farben stehen an vierter Stelle. Die Formen können rund, oval oder zylindrisch sein.

Palauisches Geld kann durch Arbeit verdient werden oder durch soziale Bräuche. Letzteres ist leichter und profitabler. »Frauen sind der Weg zum Reichtum«, so ein palauisches Sprichwort, denn Frauen erhalten aufgrund der sozialen Bräuche Geld. Traditionell konnten Produkte nicht für den eigenen Gebrauch hergestellt werden, sie mußten vielmehr verkauft werden. Ein Mann, der sein eigenes Haus gebaut hätte, wäre der Lächerlichkeit und dem Spott des ganzen Dorfes ausgesetzt gewesen. Nach der Sitte war alles, was man mit eigenen Händen produzierte, nicht selbst zu benutzen. Deshalb blieben Güter und Waren immer in Bewegung.[33]

Wenn jemand nicht am Tausch teilnimmt, heißt es, daß er »Krüppelhände« hat. Der Verstorbene beginnt seine Reise in die Nachwelt nur dann ordnungsgemäß, wenn er an Tauschverpflichtungen teilgenommen hat. Aufgrund dieser Teilnahme hat er Geld gebraucht und die von den Göttern gegebenen Regeln befolgt. Geldzahlungen werden bei allen bedeutenden Ereignissen vorgenommen, so bei Schwangerschaft, Heirat, Scheidung und Tod, bei Kriegen, Festen, in früheren Zeiten bei Kopfjagden, bei der Titelvergabe und als Strafe. Generell wird das Männergeld nicht der Frau, sondern dem Mutterbruder gegeben, daher der Name »Männergeld«.[34]

Frauen mit Männergeld

Die älteren Frauen des Klans verwalten das Geld. Nur mit ihrer Zustimmung können Männer über das Geld verfügen. Es wird von den älteren Frauen vererbt, ausgegeben, an bestimmten Orten des Hauses aufbewahrt oder vergraben.[35]

Frauengeld sind kleine Tabletts, die aus dem Panzer der Karettschildkröten hergestellt werden. Der Panzer wird erhitzt, in kochendem Wasser eingeweicht und in hölzerne Formen gepreßt. In kaltem Wasser abgekühlt, sieht die Form wie ein ovales Tablett aus. Der Rand wird von Hand geformt und mit Hai- oder Rochenhaut geglättet.

Frauen erhalten dieses Geld von den weiblichen Verwandten des Ehemannes als Gegenleistung für ihre Dienste, zum Beispiel bei traditionellen Festen. Parallel zum Tausch von Essen und Arbeit gegen Männergeld geben Frauen der Männerseite den Frauen der Frauenseite Frauengeld. Das Geld wird auch benutzt bei der Übergabe von Männergeld, das auf die Tabletts gelegt wird. Der Wert des Frauengeldes richtet sich nach Alter, Größe und natürlicher Form, die rötlichen und hellen sind die wertvollsten.[36]

Früher zählten auch noch Perlmutt-Taroschneider als Frauengeld. Da das Frauengeld heute noch hergestellt werden kann, im Gegensatz zum Männergeld, ist es nicht so wertvoll. Auch das Frauengeld wird von den Frauen versteckt. Sie verschweigen, wieviel Geld sie haben, um Verwandte nicht zu veranlassen, Geldforderungen zu erheben.[37]

Wichtig am palauischen Männergeld ist offenbar, daß es aus der Fremde kommt, daß es ein Geschenk der Götter ist. Zwei großzügige und redliche Männer brachten es nach Palau. Männer haben sich hier ein Gegengewicht geschaffen zur Macht der Frauen. Auf das Meer hinauszufahren und Fische zu fangen ist traditionell Männersache. Geld symbolisiert hier das Nicht-Weibliche, eine jenseitige Welt.

Betrachten wir das ausgeglichene System der Tauschverpflichtungen, das System von Geben und Nehmen, das Gebot, eigene Produkte nicht selbst zu verwenden, sondern anderen zu geben und dafür Geld zu erhalten, so erkennen wir, daß das Geld eine wichtige Funktion der Triebsteuerung übernommen hat. Um Geld zu erhalten, muß ich geben, am Tausch teilnehmen. Je mehr ich gebe, desto mehr Geld erhalte ich. Die Götter symbolisieren die Über-Ich-Forderungen nach Überwindung oraler Gier. Orale Gier wird nicht mit Schuldgefühlen bestraft, sondern deren Überwindung mit Geld belohnt. Die Götter sind belohnend und freundlich zu den Menschen, die geben. Das Nicht-Einhalten der Regel zu geben, wenn etwa ein Mann sein eigenes Haus baut, wird mit Scham, nicht mit Schuld bestraft. Nicht-Geben (nicht an den Tauschverpflichtungen teilzunehmen) wird mit sozialer Isolation beantwortet.

Die Überwindung oraler Gier durch Essen geben wird von den Göttern mit einem Geldgeschenk bedacht. Für die Ausdauer, mit der sie der hungrigen Göttin Essen geben, werden die Menschen mit Geld belohnt. Die Göttin wird nicht wie Chuab verbrannt, sondern in ihrem Hunger befriedigt. Das Geld unterstützt die Abwehrleistung des Ichs und die Anpassung an die kulturelle Gemeinschaft.

3. Frauentitel und Männertitel

Die Geschichte von Meluadeangel

»Meluadeangel war ein riesiger Gott, der vor vielen Jahren auf Ngcheangel lebte. Die Inselbewohner wurden von dem Riesen terrorisiert, denn seine Lieblingsnahrung war menschliches Fleisch. Wenn er hungrig wurde, ging er ins Dorf, tötete einen Bewohner und nahm den Körper mit zu seinem Aufenthaltsort, um ihn dort zu verspeisen. Die Bevölkerung des Dorfes verringerte sich nach und nach, und die Leute begannen ihre Häuser zu verlassen und suchten Obdach und Schutz im Wald. Schließlich versammelte Häuptling Redechor seine Leute in einem geheimen Treffen. Es wurde ohne Feindseligkeit beschlossen, die Insel zu verlassen und einen anderen Platz zu suchen, wo sie sich niederlassen und friedlich leben könnten.

Am nächsten Morgen kamen die Dorfbewohner aus ihren Verstecken und gingen zum Strand. Sie bestiegen ihre Kanus und nahmen an Eigentum mit, was immer sie tragen konnten. Einer der Bewohner am Strand war eine alte Frau namens Delemuu. Sie war nie verheiratet gewesen und hatte keine Kinder. Die Leute debattierten, ob sie sie mitnehmen sollten, und es wurde schließlich beschlossen, sie zurückzulassen, da niemand für sie sorgen würde während der langen Reise. Delemuu flehte, verteidigte sich, aber es war schon entschieden, und die Leute segelten ohne sie fort. Sie weinte und dachte, daß sie sicher eines entsetzlichen Todes sterben werde – als Speise von Meluadeangel!

Auf Ngcheangel versuchte die alte Frau Delemuu ihr bestes, um zu überleben. Sie aß nur Früchte und rohen Taro, weil sie kein Feuer zum Kochen machen wollte, denn sie fürchtete, Meluadeangel könne sie sonst entdecken. Wie die Zeit verging, begann sie morgens Übelkeit zu spüren, als wäre sie schwanger. Die Götter mußten Fürbitte für Delemuu eingelegt haben, denn sie war als alte Frau und ohne Mann wirklich schwanger geworden. Sie gebar einen Sohn und ein Jahr später noch einen Jungen. ›Sie müssen von wohlwollenden Göttern geschickt worden sein, vielleicht um mich vor Meluadeangel zu retten‹, dachte sie.

Delemuu zog ihre Söhne groß und sorgte dafür, daß Meluadeangel sie nicht bemerkte. Die Jungen, von den Göttern gesandt und ungewöhnlich tapfer, entwickelten einen Plan, Meluadeangel zu töten. An einer Stelle in der Nähe von Dilong schichteten sie trockenes Holz und Steine auf. Der Haufen wuchs, und als er groß genug war, setzten sie ihn unter Feuer. Der Rauch machte Meluadeangel neugierig. Als er sich näherte, warfen die beiden Jungen mit hölzernen Kneifzangen heiße Steine in sein Gesicht. Viele Steine trafen Meluadeangels Mund, und er verschluckte sie. Bald brannte Meluadeangel von innen, und er drehte sich um und rannte weg. Die Jungen folgten ihm, bis er niederfiel und starb.

Die Jungen schnitten Meluadeangels leicht angebrannten Magen heraus, um ihn ihrer Mutter zu bringen, als Beweis ihrer Heldentat und ihrer Befreiung vom Terror des Gottes. Delemuu sagte ihnen, daß sie den Magen auf ein Stück Frauengeld legen und es auf dem Meer treiben lassen sollen, um die früheren Bewohner von Ngcheangel zu suchen. Als die Jungen das Frauengeld auf das Wasser niederließen, gaben sie dem Magen die Botschaft: ›Wenn die Leute, die dich finden, raten, daß du der Magen von Meluadeangel bist, schwelle an.‹

Das Frauengeld trieb südwärts die Ostküste von Babeldaob entlang bis Ngchesechang, und ein Häuptling sagte: ›Es mag der Magen von Meluadeangel sein, und das heißt, daß er tot ist.‹ In diesem Moment schwoll der Magen an, der Beweis für die beobachtenden Menschen, daß Meluadeangel in der Tat tot war, und die Menschen entschlossen sich, in ihre Heimat zurückzukehren. Die zwei Söhne von Delemuu hegten noch immer Groll gegen die Menschen von Ngcheangel, weil sie ihre Mutter zurückgelassen hatten. Die beiden Jungen näherten sich in einem Kanu und sagten den Leuten, daß sie umkehren sollen, weil sie auf ihrer Insel nicht willkommen seien. Aber Häuptling Redechor sagte, daß sie Heimweh hätten. Im Austausch für die Erlaubnis zurückzukommen, bot er den beiden Jungen die Führung von Ngcheangel an. Er sagte: ›Der jüngere von euch soll Redechor sein und der ältere Obakrusong. Wenn Fisch gegessen wird, wird Obakrusong der Kopf gegeben, während Redechor den Schwanz erhält.‹ Die beiden Jungen nahmen das Angebot an und erlaubten den Menschen, an Land zu kommen und sich wieder auf Ngcheangel niederzulassen. Noch heute ist Ngcheangel in zwei Sektionen geteilt.«[38]

Macht und Verantwortung werden in Palau über die Vergabe von Titeln geregelt. So ist ein System ausgeprägter Dualität entstanden, dessen psychodynamische Bedeutung von besonderem Interesse zu sein scheint.

Das Land Palau ist in zwei Hälften geteilt, in die Distrikte (»beluus«) der Westküste und die Distrikte der Ostküste, die zusammen die »zwei Seiten des Himmels« bilden. Neben dieser grundsätzlichen Dualität bestehen noch verschiedene Allianzen unterschiedlicher Qualität. So gibt es heilige Beziehungen zwischen jeweils zwei Distrikten, und es gibt Distrikte, die »Kinder des Chuab« sind, und Distrikte, die »Kinder von Milad« sind[39]. Die jeweils sieben höchsten Distrikte der West- und Ostküste sind zudem vertreten in einer übergreifenden Versammlung. Der Reklai aus Melekeok steht der einen Hälfte des Himmels (Ostküste) vor, der Ibedul aus Koror der anderen Hälfte des Himmels (Westküste).

Jeder Klan vergibt Titel. Jeder männliche Titelhalter (»rubak«) hat eine komplementäre weibliche Titelhalterin (»rubak l'dil«). Diese Frau sollte idealerweise seine Schwester sein oder aber die älteste Mutterschwester oder Mutter-Mutter-Schwester[40]. Jeder Titel gehört zu einem bestimmten Stück Land und Tarofeld. Wir haben also eine matrilineare Vergabe der Titel, aber patrilokales Wohnen. Die Konsequenz ist eine hohe Mobilität innerhalb der Kultur.[41]

Jeder Klan hat ein männliches und weibliches Oberhaupt. Diese vertreten den Klan in der Männerversammlung (»klobak«) bzw. Frauenversammlung (»klobak'l dil«) des Distriktes. In jedem Distrikt gibt es zehn bis elf höchstrangige Titelhalter, welche die Männer- bzw. Frauenversammlung bilden. Der männliche Titelhalter wird von den ältesten Frauen des Klans gewählt. Die Frauen des Klans schlagen zwar den Mann vor, die Versammlung der Männer muß den Vorschlag aber endgültig bestätigen. Wenn die Männer-

Eine hohe Titelhalterin

versammlung den Vorgeschlagenen ablehnt, wählen die Frauen des Klans einen anderen. Die Auswahl ist abhängig vom Auftreten und vom guten Verhalten im Haus, in der Öffentlichkeit und im Männerklub. Die Frauentitel werden von der Mutter auf die Tochter übertragen, und diese bitten in der Frauenversammlung die Frauen um ihr Einverständnis.

Für jeden neugewählten männlichen Titelhalter wird ein Antrittsfest gegeben. Der Titelhalter muß Geld zahlen als »Brücke zum Männerhaus«. Eine der älteren Frauen, meist seine Schwester, gibt das Geld. Am selben Tag zahlt eine ältere Frau ein weiteres Geldstück als »Sitz im Männerhaus« an den höchsten Titelhalter. Die Größe und der Wert des Geldstückes müssen dem Rang des Titels entsprechen. Erst danach kann der neue Titelhalter seinen Sitz in der Männerversammlung einnehmen. Fortan wird er mit dem Titel angeredet. Auch die Verwandten müssen ihn jetzt mit dem Titel anreden.

Nach dem Prinzip der Dualität ist das gesamte Dorf in zwei Hälften geteilt (die eine Seite und die andere Seite des Mangrovenkanals). Analog ist die Männerversammlung mit den zehn männlichen Titelhaltern der zehn ranghöchsten Klane eingeteilt. Jeder Klan hat einen genau bestimmten Rang. Die eine Hälfte der Männerversammlung bilden der 1., 3., 5., 7. und 9. Titelhalter, während die andere Hälfte vom 2., 4., 6., 8. und 10. Titelhalter bestimmt wird. Diese Einteilung gilt auch für die Männer- und Frauenklubs (siehe nächstes Kapitel) und für die Titelhalterinnen in der Frauenversammlung. Wenn Pflichten erfüllt werden müssen, zum Beispiel ein Bootshaus gebaut werden soll, wird die Männerversammlung geteilt. Der erste Titelhalter ist für einen Teil der Aufgaben verantwortlich, der zweite Titelhalter für den anderen Teil.

Die vier höchsten Titelhalter, welche die Eckpfosten (»saus«) des Distriktes darstellen, sind die Exekutive. Die Titelhalter fünf bis zehn sind die Legislative. Der 3. und 4. Titelhalter bringt die Entscheidung über die Gesetzgebung zum 1. und 2. Titelhalter. Die Gerichtsbarkeit wird von allen zehn Titelhaltern ausgeübt, aber in zwei Hälften geteilt. Der 1. und 2. Titelhalter sind dabei, dürfen aber nicht sprechen und ihre Gedanken mitteilen. Der 3. Titelhalter führt die eine Hälfte der Männerversammlung, der 4. die andere Hälfte. Der 5. oder 6. Titelhalter verfolgen und bestrafen, der 3. oder 4. verkündet das Strafmaß, der 1. oder 2. Titelhalter erhält das Strafgeld, da sie die Hüter der Kasse sind.

Wenn jemand ein Unrecht begeht (heute gibt es neben der traditionellen Form natürlich noch eine Rechtsprechung nach amerikanischem Vorbild), wird die halbe Männerversammlung, der sein Klan angehört, vertreten durch den Titelhalter des Klans, ihn verteidigen, die andere Hälfte der Männerversammlung übernimmt seine Anklage. Die halbe Männerversammlung übernimmt auch die Bezahlung. Für fast alle Vergehen mußte traditionell Geld bezahlt werden. Strafen konnten sein: Tod, Verbannung aus dem Distrikt, Konfiskation des größten Geldstückes der Person, je nach Tat eine bestimmte Anzahl von Geld.[42]

Traditionell konnte die Strafe, selbst die Todesstrafe, in eine Geldzahlung umgewandelt werden. Gefängnis- oder Körperstrafe gab es nicht. Wenn jemand seine Strafe gezahlt hatte, war die Sache bereinigt.[43]

Wenn Frauen gegen Gesetze verstoßen, wird dies in der ähnlich angeordneten Frauenversammlung verhandelt. Auch die Titelhalterinnen verhängen Strafen und leiten die Angelegenheiten der Frauen.[44]

Die Titelhalter werden als Abkömmlinge der Götter betrachtet, deshalb haben sie große Macht. Die Titelhalter, die weiblichen wie die männlichen, sind heilige Personen.[45]

Zu den wesentlichen Regeln des sozialen Lebens gehört die Ehrerbietung gegenüber den Titelhaltern. Alle in der Männerversammlung Anwesenden müssen warten, bis der höchste Titelhalter die Hülle von seinem Essen entfernt hat. Dann können alle anfangen zu essen. Kein Titelhalter kann aufhören zu essen, bevor der höchstrangige dies tut. Wenn der höchstrangige Titelhalter aufhört zu essen, müssen auch alle anderen aufhören.[46]

Zum Respekt gehören auch die Diskussionsregeln in der Männerversammlung. Die vier höchsten Titelhalter (die »Eckpfosten«) kommunizieren nur über Boten miteinander und flüstern dabei. Titelhalter Nr. 1 beispielsweise flüstert seinem Boten etwas zu und schickt ihn zum Titelhalter Nr. 2. Dieser antwortet durch seinen Boten, dem er die Antwort zuflüstert. Der Bote kennt also entweder nur die Frage oder nur die Antwort. Diese Politik wird »Weg des Flüsterns« und das Haus der Männerversammlung »Gebäude des Flüsterns« genannt. Ein im Rang niedriger Titelhalter kommuniziert mit seinem »Eckpfosten«, dieser informiert den Kopf seiner Seite, und dieser wiederum kommuniziert mit dem Kopf der anderen Seite. Nur die höchsten Titelhalter sind über die Diskussion informiert, »wie Milch einer Kokosnuß, die von Dunkelheit zu Dunkelheit fließt«. Während die vier höchsten Titelhalter an den Ecken im Versammlungshaus sitzen, haben die anderen Titelhalter ihren Platz entlang den zwei Längsseiten. Die zwei höchsten Titelhalter sitzen sich am Kopfende gegenüber.[47]

In den Frauenversammlungen wird nicht geflüstert und auch nicht über Boten kommuniziert.

Vom Titel zu unterscheiden ist der Name einer Person. Der Name wird dem Kind nach der Geburt vom Vater gegeben. Für Mädchen oder Jungen werden keine Unterschiede gemacht. Einen Titel kann man erst erhalten, wenn man verheiratet ist und ein Haus hat. Erst dann wird man mit dem Titel angeredet, und es gilt als eine der gröbsten Unhöflichkeiten, jemand mit seinem Geburtsnamen statt mit seinem Titel anzureden. Ein titelloser Erwachsener gilt als »nackter Junge«.

Den Titel behält man im allgemeinen bis zum Tod. Einem unfähigen Titelhalter kann er auch schon vorher von den ältesten Frauen

Das Männerhaus

weggenommen werden, doch dies kommt so gut wie nie vor. Nach dem Tod wird durch eine spezielle Zeremonie (siehe Kapitel »Tod und Beerdigung«) der Titel vom Toten entfernt. Beerdigt werden Männer und Frauen wieder mit ihren Geburtsnamen.[48]

Früher kam es in den höchstrangigen Klans durchaus auch einmal vor, daß ein Titelhalter umgebracht wurde, wenn ehrgeizige Vettern an die Macht kommen wollten. Diese brauchten allerdings die Zustimmung der ältesten Frau und mußten die Zustimmung der anderen Titelhalter erkaufen, um die Schuld abzuwaschen, wie es hieß.[49]

Der Dualismus im politischen und sozialen Leben ist in Ost-Indonesien nicht unbekannt[50]. Obwohl keine einmalige Erscheinung in Palau, ist er gleichwohl dort derart ausdifferenziert, daß ich versuchen möchte, seine psychodynamische Bedeutung zumindest für Palau ansatzweise zu erklären.

Das gesamte Leben ist in zueinander gehörige Seiten aufgeteilt. Beide Seiten sind dabei gleichwertig; es ist keine Spaltung in Gut und Böse. Zwei gleich gute Teile bilden ein Ganzes (Palau, die Männer- bzw. Frauenversammlung, das Dorf). Die Hälften sind zugleich komplementär (bei bestimmten Aufgaben übernimmt immer nur ein Teil eine Aufgabe, der andere Teil eine andere). Da beide Teile freundlich miteinander zum Wohle des Distrikts konkurrieren und jeder Titelhalter ein entsprechendes Gegenüber auf der anderen Seite hat, dient dieses System der Machtbalance, d.h., Aggression wird kontrolliert.

Die geflüsterte Politik etwa dient der Abwehr aggressiver Impulse. Nur über Boten und in leisem Ton zu sprechen verhindert verbale Aggression. Einer meiner Gesprächspartner: »Flüstern ist Respekt zu wahren, nicht zu schreien, nicht zu emotional zu reagieren. Deshalb kaue ich auch zuerst meine Betelnuß, das gibt mir Zeit, ruhig zu werden, wenn ich mich über etwas ärgere.«

Neben der Sprechhemmung bestehen im Männerhaus die Essenshemmung und das Tabu der Berührung, vor allem des Kopfes (mit der Kopfjagd wurde dieses Tabu rituell gebrochen). Die Frauen scheinen diese Aggressionsabwehr nicht nötig zu haben. Sie flüstern in ihren Versammlungen nicht, sie behandelten traditionell allerdings auch nicht so geheime Dinge wie Kriegspläne, was auf der bewußten Ebene als Ursache für das Flüstern genannt wird.

Da der Respekt immer nur den Titelhaltern der eigenen Geschlechtsgruppe gezollt wird, dient er der Aufrechterhaltung der Hierarchie durch Hemmung von Aggressionen innerhalb der relativ autonomen Geschlechtsgruppe.

In der Geschichte von Meluadeangel erkennen wir die Angst vor oraler Aggression, die Angst, aufgefressen zu werden von einem riesigen Menschenfresser. Der Riese ist so stark, daß nur zwei Brüder, Halbgötter, ihn zur Strecke bringen können, indem sie heiße Steine in seinen Mund werfen und ihn auf diese Weise innerlich verbrennen. Als Symbol für das Besiegen der unersättlichen Gier schicken sie den Magen zu den Dorfbewohnern. Die Menschen dürfen nur auf ihre Insel zurück, wenn sie ihr Essen und ihr Land teilen. Jeder Bruder erhält einen Teil des Landes, und beim Fischessen muß den Brüdern Kopf und Schwanz gegeben werden, d.h., die Menschen müssen ihre orale Gier zügeln.

Die Übernahme von Titel und Land ist erst möglich durch Überwindung oraler Gier. Der Riese symbolisiert die eigene orale Aggression. Der Erwachsenenstatus (ohne Titel ist man ein »nackter Junge«) wird nicht erworben durch Identifizierung des Sohnes mit dem Vater und durch den Aufbau des Über-Ichs mittels ödipaler

Verbote. Die Geschwister müssen, um erwachsen zu werden, ihre Gier beherrschen lernen und teilen.

Die Triebentwicklung steht unter dem Primat der Oralität, und die psychische Strukturierung und Loslösung von der Mutter erfolgen nicht über die Triangulierung, bei der die Beziehung zum Vater als drittem Objekt der Loslösung von der symbiotischen, dualen Beziehung zur Mutter dient. Der Vater erscheint im Mythos nicht, und so herrscht keine Rivalität mit ihm. Die Loslösung von der Mutter erfolgt über die Geschwisterbeziehung. Das Über-Ich, das aus dem Rivalitätskonflikt mit dem Bruder resultiert, ist primär an der Aufrechterhaltung des Machtgleichgewichts orientiert: Keiner darf mehr haben.

Geht die Spaltung in zwei Hälften auf zwei Brüder zurück, kann sie dem ambivalenten Wunsch, dem Geschwisterkind etwas wegzunehmen, aber gleichzeitig auch der Geschwisterliebe entspringen. Die starke Bindung der Geschwister untereinander führt zur Identifizierung im Sinne einer Verdopplung, welche die Angst vor der starken Mutter (oral aggressive Aspekte beim Menschenfresser) überwinden hilft. Die Dualität kann auch der Bewältigung der Geschwisterrivalität dienen. Beide Hälften werden dabei als unabhängig voneinander gesehen; sie sind nicht der jeweils narzißtische Spiegel des anderen. Oraler Neid einem Geschwisterkind gegenüber kann besonders heftig sein und durch Rituale, die auf absoluter Gleichbehandlung beider Teile beruhen, abgewehrt werden.

Es wird zu fragen sein, ob in Palau Bedingungen für die Kindheit bestehen, die den Geschwisterkonflikt besonders intensivieren. Die fehlende Bedeutung des Vaters und der Aufstieg innerhalb des mütterlichen Klans aufgrund von Leistung und in Konkurrenz zu den Geschwistern sind bereits Bedingungen, die Geschwisterrivalität fördern. Gleichzeitig ist die intensive Bindung an Geschwister nötig, um sich von den bedrohlichen Aspekten der mächtigen Mutter zu lösen (den Menschenfresser zu besiegen) und phallische Potenz (der Magen schwillt an) zu erlangen. Das Über-Ich bildet sich aus der Geschwisterbeziehung, weniger aus der ödipalen Situation. Die wesentliche Verinnerlichung ist von daher »brüderlich zu teilen«.

Der einzelne ist immer Teil einer Gruppe, die ein Gegenüber hat. Gibt ein Klub ein Fest (siehe nächstes Kapitel), so bereitet der Klub der einen Seite dem Klub der anderen Seite ein Essen, ißt aber selbst nicht mit. Die Seite der Ehefrau gibt Essen und erhält Geld. Die Brüder der Ehefrau erhalten wiederum als Ehemänner Essen und geben Geld. Man gibt Essen und bekommt von der anderen Seite Essen zurück. Die eigene Gier wird nicht auf den anderen projiziert und aus Angst vor der projizierten Gier der andere bekämpft. Dies würde eine Spaltung in Gut und Böse[51] voraussetzen (die Projektion abgespaltener aggressiver Anteile auf den anderen). Die andere Seite wird als eigenständig respektiert. Sie übernimmt lediglich Ich-Funktionen, indem sie Triebaufschub ermöglicht. Ich tue für den anderen etwas (Essen geben, ein Haus bauen) und bekomme dafür vom anderen etwas (Geld als Belohnung für Triebaufschub). Indem ich Essen gebe, statt meine eigene Gier zu befriedigen, erhalte ich vom anderen zu einem späteren Zeitpunkt wieder Essen und befriedige so meine Bedürfnisse. Das eigene Ich wird durch das äußere Ritual der Tauschverpflichtung gestärkt und die Geschwisterrivalität abgewehrt.

Übernimmt die Männerversammlung Straffunktionen, verteidigt die eine Seite, und die andere klagt an. Über-Ich-Funktionen werden von einer Seite wahrgenommen. Der Angeklagte wird als Teil der Gruppe (eine Seite und ein Klan), nicht als Individuum verurteilt. Das Gegenüber, dem ich geben muß, übernimmt auch Über-Ich-Funktionen. Das Ich wird vom Gegenüber belohnt (mit Geld) oder bestraft. Das Über-Ich funktioniert nicht nach dem Talionsprinzip, sondern beruht auf der Gelegenheit zur Wiedergutmachung[52]. Gelegenheit zur Wiedergutmachung stärkt das Über-Ich. Nach Zahlung einer Geldstrafe war die Angelegenheit bereinigt. Die Geldstrafe zahlte der Klan oder Klub, da Geld kein individueller Besitz war.

Reguliert das Dualitätsprinzip die Geschwisterrivalität vor dem Hintergrund fehlender Stärke des Vaters, so muß der Angst vor der Mutter durch eine weitere Aufspaltung in Frauen- und Männerseite entgegengewirkt werden. Erst die Männergruppe (zwei Brüder), nicht ein einzelner Mann, kann die Angst vor den übermächtigen oralen Trieben beherrschen. Die Autonomie wird gewährleistet, indem zwei völlig gleiche Männer- und Frauenbereiche bestehen. Auch hier eine Spaltung nicht in Gut und Böse, sondern zwei gleiche Teile, die möglichst in Balance gehalten werden sollen.

Die Titelvergabe macht deutlich, welche Macht Frauen in Palau haben, auch wenn die Männerversammlung wesentliche politische Funktionen übernimmt. Da Kriege und Politik, das Verhandeln mit Fremden traditionell Aufgabe der Männer ist, beschränkt sich die Macht der Frauen auf die Kontrolle der Entscheidungen der Männer, aber auch auf die Aufrechterhaltung ihres eigenen Machtbereichs, in den Männer nicht eingreifen können. Frauen haben ihre eigene Frauenversammlung.

Eine ältere Gesprächspartnerin: »Wir waren zehn Kinder, sieben Brüder und drei Schwestern. Die Männer fragten die Frauen immer um Rat. Unser Vater war sehr streng, aber seine Schwestern hatten Macht über ihn. Ich hatte nicht wahrgenommen, wie er unterdrückt wurde in seiner Familie. Ich erinnere mich, wie mein ältester Bruder starb. Er war von dem Klan des Vaters adoptiert worden. Seine Tante kontrollierte die Beerdigung. Es sollten fünf Schweine geschlachtet werden. Die Männer standen draußen außerhalb des Hauses, wir trauerten im Haus. Wir hörten, wie sie stundenlang diskutierten, wie sie die fünf Schweine töten sollten. Die Tante meines Bruders ging nach draußen und erklärte den Männern in fünf Minuten, wie sie die Schweine schlachten sollen: So und so und so. Alle Männer waren sofort einverstanden, und das war das Ende der Diskussion. Es war Ruhe. Es waren zehn ältere Männer, aber die Tante hatte ihnen genau gesagt, was sie tun müssen. Männer haben Macht. Mein Bruder kann meinem Sohn sagen, was zu tun ist, ich würde mich nicht einmischen. Einer meiner Brüder ist ein hoher Titelhalter. Er hat Macht, Männer sind nicht nur nutzlos. Bei Tauschverpflichtungen bestimmen die Frauen, wer was bekommt. Männer sagen immer: Fragt die Frauen, wenn eine Entscheidung gefällt werden soll, oder fragen die Frauen immer noch zusätzlich, ob es so richtig ist, sie wollen immer den Rat der Frauen.

Ab etwa 30 bis 40 Jahren kann man einen Titel bekommen. Man übernimmt den Namen des Platzes, wo man lebt. Man muß verheiratet sein und Dienste geleistet haben. Der Mensch übernimmt den Namen des Landes. Das Land besitzt den Mensch, nicht der Mensch das Land. Unsere Männer haben Macht, sie wissen, daß wir hinter ihnen stehen. Wenn sie etwas wollen, wissen sie, wie sie es von uns bekommen. Es gibt einen Boten, der zu den Frauen geht und diese bei Entscheidungen fragt, zum Beispiel, ob ein bestimmtes Haus gebaut werden soll. Die Männer machen die nationalen Dinge, die Frauen kontrollieren. Jeder Titelhalter ist unabhängig, er kann aber über das Land nicht entscheiden ohne die Zustimmung der komplementären Titelhalterin. Die Frauen können nicht mit Fremden Kontakt herstellen. Durch Männer wird der Außenkontakt hergestellt. Die Frauen sind geschützt. Fremde müssen erst mit dem Titelhalter reden. Männer sind das Essen von Vögeln auf der Straße des Lebens. Palauische Männer sind wie Fischer ständig Angriffen ausgeliefert. Jede Frau weiß, daß sie geben muß, da der Mann nach draußen gehen wird. Das beste Essen ist für die Männer, dann für die Kinder, erst dann für die Frauen. Männer betonen immer wieder, wie gefährlich ihre Arbeit ist, das Fischen auf dem Meer.

Im Vorbeigehen beugen wir uns nur vor unserem eigenen Geschlecht nieder, Mädchen bei älteren Frauen, Knaben bei älteren Männern, Frauen aber nicht bei älteren Männern. Wir halten Distanz zu Älteren. Jede ältere Frau oder jeder ältere Mann hat ein Kind, das sie bedient. Er oder sie würde sich nicht selbst zu essen machen, sie werden bedient. Wir erweisen ihnen Respekt.«

Diese Schilderung von Macht aus der Sicht einer respektierten Frau zeigt, daß zwischen den Geschlechtern ein Machtgleichgewicht angestrebt wird. Die Männer vertreten die Macht in der Öffentlichkeit, die Frauen kontrollieren die Männer und sind bei allen Tauschvorgängen und Zeremonien die leitenden Personen. Den Männern werden aber wesentliche Aufgaben zugestanden, so daß gegenseitiger Respekt vorhanden ist. Beide Bereiche, die Männer- und Frauenseite, sind getrennt, so daß Autonomie für beide Geschlechter möglich ist. Der Bruder meiner obigen Gesprächspartnerin auf meine Frage, was es für einen Mann bedeutet, in einer matrilinearen Kultur zu leben: »Unsere Frauen sind so stark (lacht amüsiert). Sie geben uns das Gefühl, daß wir etwas zu sagen haben, dabei sind sie die Herrscher. Manche Frauenrechtlerinnen kommen hierher. Wir sagen dann: Wir Männer müssen befreit werden. Was immer geschieht, wir müssen zahlen, bei der Heirat, der Geburt eines Kindes, immer müssen wir zahlen (lacht dabei). Bei der Zeremonie des ersten Kindes für meinen Sohn ging ich zu meiner Schwester und bat sie, mir zu helfen. Es ist gut, Töchter zu haben, dann wird man reich. Ich dachte, daß Frauen jetzt mit dem westlicheren Leben und den

Jobs in der Regierung Macht verlieren, aber jetzt, da sie selbst Geld verdienen, sind sie noch stärker, sie brauchen uns noch nicht einmal für das Geld. Ich habe es jetzt aufgegeben, für die Männermacht zu kämpfen. Ich habe meinem Sohn gesagt, jetzt mußt du kämpfen (lacht verschmitzt).«

Das Lächeln und Scherzen über die Machtfrage löste in mir ein Gefühl der Erleichterung aus. Ich empfand mich in meinen Gesprächen mit Männern immer zutiefst respektiert und geschätzt, so auch in diesem Gespräch. Das Scherzen löste in mir das Gefühl aus: »Ich besitze genug Autonomie und muß nicht ständig gegen die Kontrolle der starken Frauen ankämpfen. Ich fühle mich auch als Mann in Palau wohl.«

4. Frauenklubs und Männerklubs

Die Steinfigur von Ngermid

»Im Dorf von Ngermid auf der Insel von Koror in Palau steht die alte Steinfigur einer Frau, die ein Kind in den Armen hält. Seit Generationen wird die Geschichte folgendermaßen erzählt:

Vor langer Zeit stand ein ›Bai‹, ein Männerhaus, neben diesem Platz. Damals war es Frauen verboten, die im Männerhaus versammelten Männer zu beobachten. Es geschah aber, daß eine junge Frau auf dem Weg von und zu dem Tarofeld ihrer Familie am Männerhaus vorbeigehen mußte. Obwohl diese Frau ein Kind hatte, lebte sie noch mit ihrer Mutter und Schwester zusammen, weil sie keinen Ehemann hatte. Jedesmal, wenn sie am Männerhaus vorbeiging, hörte sie die Männer reden und lachen. Das Verlangen verzehrte sie, und sie wurde ergriffen von dem Wunsch, die Männer zu beobachten, obwohl sie wußte, daß es verboten war.

Eines Nachts nahm sie ihr Kind und schlich sich zu einem Dikkicht in der Nähe des Männerhauses und beobachtete die Männer. Als ein Mann mit einer Laterne aus dem Männerhaus heraustrat und einen flüchtigen Blick auf die Gestalt, die sich im Dickicht versteckt hatte, warf, schlug er Alarm, und die anderen Männer kamen heraus. Die Frau versuchte wegzulaufen, aber sie konnte sich nicht länger bewegen, weil sie und ihr Kind in Stein verwandelt worden waren.«[53]

Suche nach totaler Befriedigung

»Ein Mann, der im Norden von Babeldaob lebte, war unfähig, seine Frau, die viel größer war als er, zu befriedigen. Da er seine Frau liebte und wollte, daß sie Lust empfand, überredete er sie, in ganz

Palau nach einem Mann zu suchen mit dem Namen Melechotchachau, ein Name, der in Palau bedeutet ›Kokosnußfasern im Mangrovensumpf weich machen‹. Die Frau ging südwärts von Dorf zu Dorf, bis sie in Aimeliik ankam, wo ihr eine alte Frau sagte, daß ein Mann mit diesem Namen in Ngerkebesang lebt, genau jenseits der Lagune.

Sie fand Melechotchachau und fragte ihn, ob seine legendäre Ausstattung der Wirklichkeit entspreche. Der Mann sagte ihr, sie solle nur seinem Glied folgen, wie es sich einige Meilen zwischen den Felseninseln südlich von Ngerkebesang hinauswinde. Die Frau fand schließlich die Spitze des enormen Gliedes, und sie bestieg es sofort. Sie wurde sogleich in die Luft geschleudert und zur Insel Peleliu in der Nähe des Dorfes Ngerdelolk geworfen. Bis zum heutigen Tag gibt es einen Felsen in der Nähe dieses Dorfes mit dem Namen Ngetkoang, was bedeutet ›geworfen zu werden von einer hockenden Stellung‹. Der Fels hat die Figur der total befriedigten Frau, die Melechotchachau fand.«[54]

Während das politische Leben durch die Einrichtung der Männer- und Frauenversammlungen und die Hierarchie der Klane geregelt wurde, war das soziale Leben weitgehend durch die Männer- und Frauenklubs (»cheldebechel«) geprägt. Die Klubs führten traditionell die Anweisungen der Männer- und Frauenversammlungen aus. Ein Männerklub etwa besserte das Dach des Männerhauses aus, reparierte die Dorfstraße oder baute neue Häuser[55]. Ein Frauenklub reinigte öffentliche Wege. Gehorsam und Anwesenheit im Klub wurden erwartet. Es gab Geldstrafen für Mitglieder, die bei Aktivitäten ihres Klubs fehlten. Jeder Klub, obwohl den Männer- und Frauenversammlungen untergeordnet, hatte seine eigene Gerichtsbarkeit für innere Angelegenheiten. Die innere Disziplin der Klubs war streng, Schlägereien waren unbekannt. Diese hätten die Bestrafung beider Seiten nach sich gezogen. Die bloße Berührung des Körpers, wenn auch unbeabsichtigt, war nicht gern gesehen.[56]

Die ideale Anzahl von Klubs eines Dorfes war sechs, jede Dorfhälfte sollte drei Klubs haben. Die drei Klubs unterschieden sich nach dem Alter der Mitglieder. Es gab den Klub der jüngsten Männer bzw. Frauen, den Klub der Männer bzw. Frauen im mittleren

Alter und den Klub der ältesten Männer bzw. Frauen. Eine gleiche Anzahl von Klubs stellte die Balance der Dorfhälften her. Zu jedem Männer- und Frauenklub einer Seite des Dorfes gab es einen entsprechenden Klub auf der anderen Seite des Dorfes.[57]

Es war Klubmitgliedern nicht erlaubt, zum Klub der anderen Seite zu gehen. Jedes Klubmitglied der einen Seite hatte aber einen Repräsentanten des Klubs der anderen Seite als Freund (»sechelei«)[58]. Die Klubs der beiden Seiten konkurrierten freundschaftlich miteinander zum Wohle des Distriktes. Bei Gemeindeaufgaben übernahm eine Seite immer nur eine Arbeit, wenn beide Klubs zusammenarbeiteten, gab es oft Streit.[59]

Wenn junge Männer eines neuen Klubs ihren ersten Kopf (»blobaol«), der zur Einweihung eines neuen Männerklubs benötigt wurde, erbeutet hatten, mußten sie dem Klub der anderen Seite ein Festessen geben. Der Klub veranlaßte seine Häuser, Taro zu bringen, die Männer selbst gingen einige Tage fleißig fischen, schlachteten einige Schweine und brachten alles auf die andere Seite. Die Übergabe des Essens fand tanzend statt. Die Männer waren dabei geschmückt. Die geladene Seite kam ebenfalls tanzend und brachte Geschenke mit. Bei allen Festlichkeiten nahm die Essen gebende Seite keinen Teil von den Speisen. Die andere Seite wurde freundschaftlich bewirtet. Nach dem Abräumen der Speisen erhielten die Gäste einen Kamm, der als Gedenkzeichen in ein Netz eingewickelt war. Dieses sollte den Empfänger daran erinnern, daß er als nächster an der Reihe war.[60]

Hauptziel der Männerklubs war die Verteidigung des Dorfes. Jeder Klub sollte so viele Mitglieder haben, wie ein Kriegskanu aufnehmen konnte. Das Kriegskanu war das Symbol, über das jeder Klub verfügen mußte. Dazu waren etwa 40 bis 60 Personen nötig[61]. Jeder Männerklub verfügte über ein eigenes Haus. Das Männerhaus des Klubs der jüngsten Männer befand sich am Landungssteg (wo die Feinde erwartet wurden), das Männerhaus der mittleren Altersgruppe an der Hauptstraße und das Männerhaus der ältesten Männer in der Nähe des zentralen Dorfplatzes[62]. Die Frauenklubs hatten kein eigenes Haus und auch kein Kriegskanu. Die Frauen konnten aber für ihre Versammlungen die Männerhäuser benutzen[63]. Jeder Klub nahm bei seiner Entstehung einen neuen Namen an. Männerklubs hatten Namen wie »mutiges Tier« oder »Hai«,

Frauenklubs wurden nach schönen Tieren benannt, wie etwa »Schmetterling«.[64]

Die Klubs übernahmen Erziehungsaufgaben und regelten den Tausch Sexualität gegen Geld. Im Alter von sechs bis zehn Jahren begann die formlose Aufnahme in den Klub, vor allem der Knabe wurde allmählich von der Familie getrennt. Er schlief die meiste Zeit im Männerhaus seines Klubs. Im Männerhaus wurden die Knaben nach der Pubertät behutsam von Frauen in die Sexualität eingeführt.[65]

Das Mädchen wurde nach seiner ersten Menstruation im Menstruationshaus von ihrer Mutter oder Tante defloriert. Anschließend wurde sie von ihrer Mutter zu den zahlungskräftigen Oberhäuptern geschickt, um ihr erstes Geld im Tausch gegen Sexualität zu verdienen.

»Die Mutter wartet mit Ungeduld auf das Aufwachsen der Tochter, und sie macht sie endlich vorzeitig reif, indem sie ihr selbst die Jungfernschaft abnimmt. Bei dieser im Geheimen ausgeführten Operation gibt ihr die Mutter nun vollends die nöthigen Belehrungen und den strengen Rath, kein ›tingaringer‹, nicht dumm zu sein und sich ohne Audoud mit Männern einzulassen. Nachdem die Mutter das Häutchen durchgerissen hat, wird in die Scheide eine kleine Rolle aus jungen Piper-betel-Stengeln eingeführt und oft gewechselt und nach einigen Tagen sucht das Mädchen ihren ersten Genossen. Sie spricht irgendeinen der Häuptlinge an, am besten den Oberhäuptling, während er allein auf dem Weg schreitet...und schließlich kommt die Tochter nach Hause mit dem ersten Stück selbsterworbenen Audoud. So geht es weiter durch die Reihe der zahlungsfähigen Männer, aber niemals sich bei einem derselben wiederholend.«[66]

Danach ging das junge Mädchen allein, als »mongol«, in ein fremdes Männerhaus. Sie blieb etwa drei Monate im Männerhaus und genoß gute Behandlung, diente als Gesellschafterin und gehörte nominell einem Mann an, hatte aber die Freiheit, sich mit anderen Männern unter gewissen Bedingungen einzulassen. Sie konnte nicht zum Geschlechtsverkehr gezwungen werden und hatte die Möglichkeit, sich den Liebhaber auszusuchen. Mochte er das junge Mädchen nicht, so schlug er die Tasche ab, die sie ihm zu halten gab. Er mußte aber ein Stück Geld für das Abschlagen bezahlen. Nach drei Monaten holte der Vater sie ab. Er erhielt das Geld für ihre Dienste. Oft heiratete sie auch einen der Bewerber des Männerhauses und blieb in dem fremden Dorf.[67]

Anders als das junge Mädchen, das allein in ein fremdes Männerhaus ging, konnte ein Frauenklub, dessen Frauen meist auch verheiratet waren, gemeinsam ein fremdes Männerhaus besuchen (»blolobol«). Sie blieben meist sieben bis zwölf Monate, und das verdiente Geld ging an den höchsten Titelhalter des Heimatortes[68]. Wenn Frauen als Klub ein fremdes Männerhaus aufsuchten, verkehrte jede mit dem Mann des ihr entsprechenden Ranges, im Gegensatz zur »Mongol«, die ihre Wahl zufällig traf und nicht mit demselben Respekt behandelt wurde wie die Frauengruppe[69]. Keine Frau des Frauenklubs konnte sich ausschließen. Alle mußten in einem solchen Fall mitgehen, da die Frauen sie sonst mit Strafe belegten und der Klan der Frau in Schande geriet[70]. Wurde eine unverheiratete Frau durch ihren Dienst im Männerhaus schwanger, brauchte der Erzeuger keine finanzielle Verantwortung zu übernehmen. Ein solches Kind wurde »ulechell bai« (»Kind des Mannes im Männerhaus«) genannt. Wenn eine verheiratete Frau durch den Dienst ihres Frauenklubs im Männerhaus schwanger wurde, wurde ihr Ehemann als Vater des Kindes betrachtet.

Die Besuche der Frauenklubs gab es nur zwischen befreundeten Gemeinden. Ein Männerklub konnte Frauen einladen, wenn er Geld übrig hatte; dann holte er die Frauen ab. Ansonsten kamen die Frauen von sich aus und übernahmen ein Männerhaus, wenn sie hörten, daß es Geld besaß. Auch konnte von den Ältesten der Gemeinde ein Frauenklub geschickt werden, wenn beispielsweise Geld benötigt wurde oder der Frieden gefestigt werden sollte. Es sind allerdings auch Fälle bekannt, in denen der ganze Frauenklub aus Rache für ein Vergehen der Männer lebendig verbrannt wurde.[71]

Außereheliche Sexualität unterlag genauen Regeln und diente, zumindest oberflächlich betrachtet, ökonomischen und politischen Zwecken. Sexuelle Tabus, deren Befolgung mit der Androhung von Versteinerung durchgesetzt wurden, sollten die Sexualität der Frau reglementieren. Das Treiben im Männerhaus war für die Frauen des eigenen Dorfes tabu. Die junge Frau wird in der Geschichte von Ngermid von Verlangen verzehrt, die Männer zu beobachten. Ein solches Verlangen löst bei Männern Angst aus und wird mit Versteinerung der Frau bestraft. Auch die Geschichte von Melechotchachau ist Ausdruck männlicher Sexualängste. Potenzängste werden nicht durch Phantasien eigener Größe abgewehrt, denn der Mann schickt die Frau zu einem omnipotenten Mann in ein fremdes Dorf. Die Strafe für die Befriedigung ist aber die Versteinerung (Tod). Die Sexualität der Frau (die übergroße Vagina) ist wie die orale Gier nicht zu befriedigen. Vielleicht sind die Männer »starr« vor Angst und müssen deshalb die Frauen ver»steinern«.

Sexuelle Begierden der Frauen werden mit Angst vor Versteinerung beantwortet. Die Sexualität der Frauen soll durch die Drohung der Versteinerung eingedämmt werden. Die Versteinerung mindert die Angst vor dem Chaos, das entsteht, wenn Sexualität als individuelle, leidenschaftliche Gier gelebt wird. Immerhin findet die Frau bei Melechotchachau Befriedigung. Da dieser in einem fremden Dorf lebt, weist der Mythos vielleicht auf den Ursprung der Besuche in fremden Männerhäusern hin. Sexuelle Befriedigung wird in der Fremde erlebt. Frauen dürfen aber keinen Orgasmus, keine erfüllte genitale Sexualität haben. Sexualität muß dem Tauschprinzip unterworfen werden und damit den sozialen Regeln der Gemeinschaft. Dies zu erreichen ist Aufgabe des Pubertätsritus der Defloration und des anschließenden Tausches Sexualität gegen Geld. Eine etwa 40jährige Gesprächspartnerin: »Früher kamen Mädchen nach der ersten Menstruation in eine Hütte. Sie nahmen dort heiße Bäder und wurden von der Mutter oder Tante defloriert. Heute haben wir diese Hütten nicht mehr. Nachdem meine erste Menstruation aufgehört hatte, ging ich zusammen mit meiner Cousine in das Haus meiner Tante, wo keine Männer waren. Dort machten uns Frauen heiße Dampfbäder mit Blumen und Blättern. Wir zogen Tücher über den Kopf und erhielten Massagen. Es roch so gut.

Fünf Tage oder länger blieben wir in diesem Raum. Unsere Körper wurden mit Kokosnußöl eingeölt, wir lagen herum, die älteren Frauen kamen und redeten über Sexualität. Sie zeigten uns, wie wir uns bewegen müssen, wie man Sexualität macht, wie wir unsere Muskeln bewegen müssen. Wir waren alle nackt in diesem Raum, und die Türen waren verschlossen. Wir bekamen das beste Essen. Wir aßen Taro und besondere Speisen, die trocken sind. Wir durften nichts Saftiges essen, da saftiges Essen riecht. Meine Tante massierte meinen Körper. Sie sagte mir, daß mein Körper sich nun verändern und ich von einem Kind zu einer Frau werde.

Früher wurden wir Frauen auch innerhalb des Körpers massiert. Ich dachte, daß es Sünde ist. Ich hatte Schuldgefühle, habe es aber genossen. Es roch so gut, nach all den Blumen und Kräutern. Ich wollte die Innenseiten meiner Oberschenkel nicht massieren lassen, da in der Kirche immer erzählt wird, daß das Sünde ist. Früher wurden die Frauen dann tätowiert. Das galt als schön. Auch die Geschlechtsteile wurden tätowiert, aber nur dort, wo Haare sind und die Schamlippen. Das sollte die Muskeln straffen. Nach der Heilung hatten die Frauen keine Schmerzen mehr. Meine Tante sagte, daß es nutzlos war und sehr schmerzhaft. Frauen wurden von Frauen tätowiert, Männer von Männern.

Die Menstruationshütte war eine gute Einrichtung. Der Mann ist ein Fremder. Die Tochter wird Schmerzen haben. Die Geheimnisse werden in der Hütte zum Verschwinden gebracht, wenn die Mutter es tut. Die Tochter muß geöffnet werden. Wenn sie zu Männern geht, sind die Geheimnisse weg. Sie soll mit geheiltem, intaktem Hymen zum Mann gehen. Die Frau ist stark, du übernimmst die Kontrolle über deinen Körper. Die Frauen machen alles, die Zeremonien von Geburt und Tod, die Behandlung des toten Körpers, die Totenwache, alles sind Frauenangelegenheiten, alle Riten sind Frauenangelegenheiten.«

Während des Gespräches fiel mir sofort meine Angst vor Frauen ein, die jedesmal auftrat, wenn ich bei einer Gesprächspartnerin übernachten mußte. Gleichzeitig spürte ich eine Erotisierung im Gespräch. Diese Ambivalenz von Macht, Angst und Erotik scheinen mir wesentliche Momente der Beziehung der Frauen untereinander zu sein, wobei die aggressiven, angstmachenden Anteile offenbar verleugnet werden. Meine Gesprächspartnerin idealisierte die Beziehung der Frauen.

Während die Knaben im Männerhaus von Frauen behutsam in die Sexualität eingeführt werden, werden Mädchen von ihren Müttern defloriert und zum ersten Gelderwerb geschickt. Handelt es sich hier um einen Pubertätsritus, der die Unterwerfung der jungen Mädchen unter die älteren Frauen sichern soll, analog zu Pubertätsriten in patriarchalischen Kulturen, in denen Knaben durch symbolische Kastration (Beschneidung) der Macht der älteren Männer unterworfen werden? Das Mädchen muß sich sexuell der Macht der Mutter und der älteren Männer unterwerfen. Weibliche Sexualität wird unterdrückt, indem sie dem Tauschprinzip unterworfen wird. Gleichzeitig bietet die Unterwerfung unter die Regeln den Frauen auch einen gewissen Lustgewinn.

Individueller, außerehelicher Sexualverkehr mit einem Mann war streng verboten, war Ehebruch, der mit harten Strafen geahndet wurde. Die Aktivitäten des Frauenklubs mußten dagegen von den Ehemännern toleriert werden. Aus dem Gespräch mit einem 63jährigen Gesprächspartner: »Die Frauen gingen früher gern in ein anderes Männerhaus, auch die verheirateten Frauen. Wenn der höchste Titelhalter eines Dorfes eine Nachricht schickte, daß sein Dorf Geld habe, gingen die Frauen gern dorthin. Manchmal gingen die Frauen auch auf eigenen Beschluß, oder um eine Fehde zwischen zwei Dörfern zu beschwichtigen. Die Männer mußten das tolerieren, auch wenn die Frauen schwanger zurückkamen. Die Frauen lebten dort mehrere Monate mit einem anderen Mann. Sie gingen gern dorthin. Ich erinnere mich, als meine Großmutter wegging. Sie ging gern und kam schwanger zurück. Das Kind, ein Sohn, wurde von dem Mann aus dem Dorf, wo sie war, adoptiert.«

Eine 83jährige hohe Titelhalterin: »Wir waren stolz, es war eine Ehre, als Klub in ein anderes Dorf zum Männerhaus zu gehen. Wir gingen zum Mann unseres Ranges, zum Mann, der unserem Rang entsprach. Es war nicht direkt Zwang, aber wir hatten nicht einfach die freie Wahl. Wir wollten Geld bekommen, selbst die ranghöchsten Frauen wollten gehen. Alle gingen zum Mann, der die ihr entsprechende männliche Position innehatte. Auch wenn er häßlich war, mußte man ihn nehmen (*Antwort auf meine Frage*). Es war eine Ehre. Wir konnten aber Affären nebenher haben im Männerhaus. Wir wohnten im Männerhaus. Alle Frauen gingen zuerst ins Männerhaus, dann gingen manche zu den Häusern des Dorfes und fragten nach Essen. Geschlechtsverkehr hatten wir mit den Männern nicht im Männerhaus, dazu gingen wir mit dem Partner ins Kanu oder in den Busch (*Antwort auf meine direkte Frage*). Es war tabu für Ehefrauen, dorthin zu gehen. Es durfte keinen Kampf geben, höchstens verbale Kämpfe zwischen den Frauen. Wenn Frauen kämpften, mußten sie Strafe zahlen. Die Ehefrauen gaben uns Frauen Essen. Wir gingen, um Geld zu bekommen. Wenn wir einen Mann genommen hatten, mußte er Geld geben. Manchmal heirateten einige auch. Um den Ruf zu wahren, muß der Mann Geld geben.«

Als Klubmitglied oder als unverheiratete »mongol« hatten die Frauen offensichtlich sexuelle Freiheiten, zumal sie die Möglichkeit eines Schwangerschaftsabbruches durch traditionelle Medizin hatten. Noch heute gibt es diese heilkundigen Frauen. Ein nichteheliches Kind aus der Zeit im Männerhaus wurde kulturell akzeptiert; meist wurde es adoptiert. Als Ehefrauen mußten sie aber auch die Freiheiten ihres Mannes tolerieren. Sexualität als individuelle Begierde wird unterdrückt, indem sie dem Tauschprinzip unterworfen wird, zum Mittel wird, Geld zu erhalten. Sexualität wird den Regeln der sozialen Gemeinschaft unterworfen. Ein hoher Titelhalter erzählte mir, daß noch heute Frauen, wenn sie Geld haben wollen, zu ihm kommen. Das sei eine Ehre, das könne er nicht abschlagen.

Wie für das Geben von Essen muß auch für die Sexualität bezahlt werden. Selbst die Sexualität innerhalb der Ehe zählt zu den Diensten, die der Ehemann bezahlen muß. Sexualität steht unter dem Primat der Oralität. Die Identifizierung mit den gleichaltrigen Knaben im Klub anstelle der Identifizierung mit dem Vater verhindert offenbar ödipale Rivalität und Kastrationsängste. Sexuelle Ängste sind von oralen Phantasien geprägt, Sexualität wird zum Ausdruck unersättlicher Gier.

In Palau essen die Geschlechter getrennt. Daß gemeinsames Essen die libidinöse Bindung innerhalb der Geschlechtsgruppe fördert, aber auch Sexualität abwehrt, wird an den Bezeichnungen für Sexualität durch Essen deutlich. Gegengeschlechtliche Geschwister dürfen Essen, das sie herstellen, nicht teilen. Sexualität zwischen Mann und Frau wird bezeichnet als »Essen von demselben Teller«. Die Sexualität der Frau wird ausgedrückt durch Essen, das sie herstellt. Ihre Genitalien werden mit Ausdrücken wie »Taro« und »Tapioca« beschrieben, Genitalien der Männer durch Dinge, die mit dem Meer in Beziehung stehen. Sexualität zwischen Verheirateten wird mit Bezeichnungen für komplementäres Essen belegt. Nichts zu essen haben heißt, keinen Sexualpartner zu haben. Masturbieren heißt, Protein zu essen ohne Stärke.[72]

Das gemeinsame Essen – auch meine Gesprächspartnerin erzählte mir die intimsten Gefühle während ihrer Zeit in der Menstruationshütte beim Essen – fördert die libidinöse Bindung an die eigene Geschlechtsgruppe und die Identifizierung mit ihr. Essen mit dem anderen Geschlecht wird als sexuelle Verführung erlebt und muß tabuisiert werden.

Ich fühlte mich in Palau bei den gemeinsamen Essensgelegenheiten am wohlsten und in meiner Weiblichkeit gestärkt. Angst hatte ich nur vor der Sexualität der Frauen, vielleicht wie die jungen Mädchen in Palau, die eine frühe orale Bindung an die Mutter erfahren, die durch Sexualität abrupt beendet wird.

In früheren Zeiten wurden in der Pubertät neben der Tätowierung des Körpers bei beiden Geschlechtern auch die Zähne geschwärzt. Die Sexualität der Adoleszenten wurde unterdrückt, indem orale Impulse symbolisch (für Sexualität) durch das Schwärzen der Zähne abgewehrt wurden. Die Zähne wurden fünf Tage jeden Morgen mit einer Paste eingeschwärzt, eine Prozedur, die zu Krankheiten führte. Das Tätowieren war ebenfalls ein erhebliches Risiko für die Gesundheit.[73]

Eine Gesprächspartnerin: »Wir lebten früher alle in einem Raum. Die Eltern zeigten keine sexuellen Gefühle vor uns Kindern, Küsse waren in Palau nicht bekannt. Man durfte noch nicht einmal die Hände halten. Sexualität fand im Verborgenen statt, wenn alle schliefen.«

Das Schwärzen der Zähne und das Nicht-Küssen dienen der Abwehr oraler und sexueller Impulse. Das Inzest-Tabu wird streng eingehalten. Auch Inzest wird mit Essen gleichgesetzt. »Du ißt das eigene Blut« ist in Palau die Bezeichnung für Inzest.

III. Lebenszyklus

1. Kindheit

Die Geschichte von Ngeleket Budel und Ngeleket Chelsel

»Diese Geschichte ereignete sich vor langer Zeit im Dorf des Imul in Aimeliik in Palau. Während dieser Zeit gingen die Menschen selten während des Tages fischen, aus Furcht, von Kriegern befeindeter Dörfer angegriffen zu werden. Statt dessen jagten sie Vögel. Eines Tages jagten Mitglieder des Bartekuu Klan in den Hügeln Fregattvögel. Ein Mann wurde von den anderen getrennt, als er einen Vogel verfolgte, der ihn weiter und weiter weglockte. Als er sich an den Vogel heranpirschte, hörte er das Geschrei eines Babys, und bald darauf entdeckte er das Kind unter einem Baum. Ohne daß er es merkte, waren die Götter erschienen, und einer von ihnen sagte: ›Öffne dieses Mannes Augen, bevor er aus Versehen auf uns tritt.‹ Nur ein Auge ohne Fehler kann die Götter erkennen. Menschen haben solche Augen nicht. Einer der Götter öffnete des Mannes Augen, und er war fähig, sie zu sehen. Der Mann war so überwältigt, daß er auf die Knie fiel. Die Götter sagten ihm, daß er aufstehen, eine Krippe aus den Blättern des Betelnußbaumes herstellen und das Kind hineinlegen solle, um es mit nach Hause zu nehmen.

Der Mann tat, wie ihm befohlen, und nahm das Kind, um es zu Hause aufzuziehen. Er war verheiratet und hatte einen Sohn, der das gleiche Alter hatte wie das Baby, das er gefunden hatte. Der Name seines wirklichen Sohnes war Ngeleket Chelsel, und er gab dem Kind der Götter den Namen Ngeleket Budel. Als sie aufwuchsen, nahm der Vater sie gewöhnlich mit, wenn er nachts fischen ging. Aber eines Abends entschied er, allein zu gehen, und kam mit einem großen Fang nach Hause. Er sagte seiner Frau, daß sie einige der Fische rösten und, wenn sie fertig seien, die Knaben wecken solle, damit sie essen könnten. Aber seine Frau antwortete: ›Ich werde unseren wirklichen Sohn zuerst wecken, damit er den besten Fisch wählen kann.‹ Sie wußte nicht, daß Ngeleket Budel wach war und das Gespräch seiner Eltern hörte. Er wartete, um herauszufinden, wer zuerst geweckt würde, er oder Ngeleket Chelsel. Aber die Mutter ging zu Ngeleket Chelsel und rüttelte ihn wach. So fand er heraus, daß er ein adoptiertes Kind war, und er begann sich zu fragen, wer seine wirklichen Eltern waren.

Ngeleket Budel ließ sich sein Wissen nicht anmerken. Als die Zeit verstrich, erkannte er, daß seine Adoptiveltern Ngeleket Chelsel vorzogen und ihn schlecht behandelten. Eines Tages ging er fischen, und er kam mit einer Seegurke zurück, die er innerhalb eines hohlen Bambusrohres in der Ecke des Hauses, wo er gewöhnlich schlief, versteckte. Am nächsten Tag gab er vor, nicht aufstehen zu können, und sagte seinen Eltern, daß er krank sei. Aber sie unternahmen nicht viel, ihn zu heilen. Als die Tage verstrichen, verfaulte die versteckte Seegurke. Seine Eltern, wie auch alle Dorfbewohner, dachten, daß der üble Geruch von seiner Krankheit komme. Am Ende erreichte die Nachricht seines Zustandes die Götter. Eines Tages kam eine fremde Frau, Ngeleket Budel zu besuchen. Sie war eine Göttin, und sie erzählte dem Jungen, daß sie seine wirkliche Mutter sei. Sie erklärte ihm, daß die Götter ihn mit Absicht bei dem Ehepaar leben ließen, um den Charakter und das Verhalten der Leute zu prüfen. Ngeleket Budel war sehr glücklich, seine wirkliche Mutter kennengelernt zu haben. Selbst ein Gott, verstand er seine Mission unter den Menschen und gab niemand seine wahre Identität zu erkennen.

Am Morgen nahm er heimlich die Seegurke aus dem Bambusrohr und warf sie weg. Der Geruch verschwand, und die Leute glaubten, daß Ngeleket Budel wieder gesund sei, obwohl sie nicht wußten, wie er geheilt worden war. Er blieb bei seinen Adoptiveltern, bis er erwachsen war, dann bat er eines Tages seinen Vater, ihm ein Kanu zu bauen. Es dauerte nicht mehr lange, bis das Kanu fertig war und zum Strand getragen werden konnte. Die Mutter häufte Essen an jedem vorgesehenen Rastplatz und neben dem Strand auf. So begannen die Leute das Kanu zu ziehen. Am ersten Rastplatz ruhten sie und stopften sich mit dem für sie zubereiteten Essen voll. Sie schleppten das Kanu weiter bis zu einer sehr flachen und glatten Stelle. Zu ihrem Erstaunen konnten sie das Kanu nicht einen Meter weit bewegen, so sehr sie auch zogen. Das ganze Dorf von Imul war versammelt, aber trotzdem konnten sie es nicht von der Stelle bewegen.

Ngeleket Budels Vater wandte sich verzweifelt an seinen Sohn und fragte ihn: ›Sohn, was geschieht hier? Wie können wir das Kanu herausziehen?‹ Ngeleket Budel ging zum Kanu, legte seine Hände darauf und begann in fremder Stimme zu sprechen: ›Mutter, Vater, dies ist euer Sohn Ngeleket Budel. Ich brauche eure Hilfe.‹ Sofort, nachdem er gesprochen hatte, begann das Kanu sich schnell und von allein in Richtung Meeresstrand zu bewegen.

Die Leute folgten dem Kanu, und bei ihrer Ankunft am Strand fanden sie das Essen, das für sie dort bereitlag, und begannen, gierig zu essen. Sie fanden noch nicht einmal Zeit, sich über das Phänomen des sich selbst bewegenden Kanus zu wundern. Ngeleket Budel ging zu seinem Vater, eröffnete ihm seine wirkliche Identität und sagte ihm, daß er für immer gehen werde. Der Vater bat um Verzeihung für sein niedriges Verhalten ihm gegenüber, aber Ngeleket Budel hatte sich entschlossen zu gehen. Bevor er mit dem Kanu fortfuhr, verfluchte er die Leute des Dorfes, indem er sagte: ›Eure Kinder und alle eure Nachkommen werden von Unglück geplagt werden und immer gierig nach Essen sein.‹«[74]

Die Kindheit in Palau ist geprägt von der hohen kulturellen Wertschätzung der Mutterschaft. Ob Kindstötung tatsächlich gelegentlich vorgekommen ist, allerdings nur bei Knaben[75], ist heute kaum mehr zu belegen. Die Erziehung des Kindes fand traditionell im Haus und im Klub statt. Die ältesten Titelhalter Palaus haben folgende Erziehungsgrundsätze zusammengestellt:

- *Respekt.* Die Eltern zeigen Respekt in der Art, wie sie miteinander umgehen. Die Kinder lernen durch Beobachtung. Schelte und Schläge führen nicht dazu, daß ein Kind lernt, ein guter Mensch zu werden.
- *Verantwortung für Pflichten.* Das Mädchen verbringt die ganze Zeit mit ihrer Mutter, beobachtet und lernt Aufgaben und Verantwortungen der Frauen. Der Knabe lernt die Techniken des Fischfangs und die Fertigkeiten des Mannes von seinem Vater.
- *Arbeit und Beruf.* Etwa mit 16 Jahren sind Jungen und Mädchen erwachsen genug für öffentliche Arbeiten.
- *Gehorsam, Güte und Ausdauer.* Aufgrund der Güte einiger

Mitglieder lernt der Klub, von einem Teller zu essen und aus einer Tasse zu trinken, obwohl nicht alle zu den Speisen und Getränken beigetragen haben. Der Klub übernimmt schwere Aufgaben, damit seine Mitglieder sich in harter Arbeit, Ausdauer und Zusammenarbeit üben können.

- *Besuche zwischen Verwandten.* Junge Männer werden mit Essengeschenken zu Verwandten geschickt. Junge Mädchen gehen mit ihren Müttern zu Beerdigungen und unterstützen sie bei Geldsammlungen.
- *Demut und die Art zu reden.* Stolz und Eigennutz sollen nicht aufkommen. Auch wenn jemand reich ist oder von hohem Rang, darf er nicht den Respekt vor anderen verlieren. Wenn sich jemand beim Aufstehen den Kopf an einem Balken stößt, wird er daran erinnert, daß es ihm an Respekt und Demut fehlt.
- *Sorge, Liebe und Mitleid.* Die Kinder lernen, sich um alle Personen des Klans zu kümmern, die in Not sind; sie sollen Älteren bei der Arbeit helfen, ihnen Essen und Trinken bringen.
- *Sorge um Haus und Distrikt.* Respekt, Güte, Mitleid und Demut sind das ganze Leben hindurch zu zeigen, damit nicht Schande und schlechtes Ansehen über das Haus und den Distrikt gebracht werden.

Alle Grundsätze zusammen führen zum wichtigsten, zum Respekt. Respekt ist Struktur und Basis der traditionellen Kultur. Respekt ist das Band zwischen Distrikt, Klan und Haus.[76]

Das Kind wird noch heute zu Gehorsam und Respekt erzogen, ohne Anwendung von Strafe oder Gewalt. Kinder sollen durch Beobachtung lernen. Neben dieser bewußten Erziehung gibt es, wie in jeder Kultur, Sozialisationspraktiken, deren Bedeutungen weitgehend unbewußt sind. Die Geschichte von Ngeleket Budel und Ngeleket Chelsel weist bereits auf die Praxis der Adoption und die damit verbundenen seelischen Konflikte hin.

Die umfangreichste Studie über Adoption in Palau hat Smith[77] durchgeführt. Bei einer Population von 315 Einwohnern in Melekeok waren 181 Personen adoptiert (57, 5%). In allen Haushalten fand Smith wenigstens einen Fall von Adoption. Sie errechnete 4, 8 Adoptionen pro Haushalt (Mittelwert). Bei einer Adoption wird das Kind meist von einem Mitglied des mütterlichen Klans angenommen. 54% der Adoptionen in Melekeok fanden innerhalb des Klans der Mutter statt, 37% gingen zur Vaterseite. Auf der Mutterseite wurden 82 weibliche Kinder und 14 männliche adoptiert, auf der Vaterseite 57 weibliche und zehn männliche.

Geben oder Nehmen eines Kindes wird als eine der höchsten Verpflichtungen unter Geschwistern angesehen. Die Verpflichtung steht über der der Elternschaft. Adoption ist wie eine Heirat, man möchte andere binden oder Geld bzw. Land erhalten. Kinder sollen innerhalb des mütterlichen Klans so verteilt werden, daß jede verheiratete Frau Kinder hat, damit die Ehemänner zahlen müssen. Auch soll durch Adoption gewährleistet werden, daß die Geschlechterverteilung in jeder Generation ausgewogen ist. Ein Kind an verheiratete Frauen des mütterlichen Klans zu geben stärkt deren Ehe.

Ein »geteiltes Kind« (von einer Frau des mütterlichen Klans adoptiertes Kind) löst Veränderungen im Verwandtschaftsrang aus, es steigt im Klan auf, wenn es beispielsweise von der Mutter der Mutter adoptiert wird, während ein »ausgetauschtes Kind« (von einer Frau des väterlichen Klans adoptiertes Kind) nur aufwärts steigen kann, wenn es sich als fleißiges und vielversprechendes Mitglied des neuen Klans erweist. Es muß etwas leisten.[78]

Die Bedrohung durch Adoption und die Bevorzugung der eigenen Kinder werden in vielen Geschichten beschrieben. In der Geschichte von Ngeleket Budel und Ngeleket Chelsel wird die orale Gier auf die schlechte Behandlung des adoptierten Kindes zurückgeführt. Die Drohung der Adoption und des Beziehungsabbruches muß im Erleben des Kindes eine tiefe Verunsicherung hinterlassen und damit orale Ängste verstärken. Die Geschichte läßt eine tiefe Geschwisterproblematik erkennen, wie ich sie bereits aufgrund des Dualitätsprinzips vermutet habe.

Das Leben beginnt für den Säugling in Palau mit einer ausgesprochen oralen Verwöhnung. Traditionell (siehe Kapitel »Schwangerschaft und Geburt«) wurde die Mutter nach der Geburt noch zehn Monate im Haus ihrer Mutter vollständig versorgt, damit sie sich ganz dem Stillen ihres Kindes widmen konnte. Bekam die Mutter ein neues Kind, wurde das ältere einem Muttersubstitut übergeben. Die Drohung der Adoption verstärkt möglicherweise ein traumatisches Erlebnis während der frühen abrupten Ablösung von der Mutter durch ein neues Geschwisterkind.[79]

Das Kind wächst in einer Spannung zwischen Beziehungsabbruch und extremer Triebfreiheit auf. Bis zum Alter von sechs Jahren waren beide Geschlechter meist nackt, badeten bis zum Alter von zehn Jahren noch zusammen, wurden nicht bestraft, höchstens einmal angeschrien, und eine Sauberkeitserziehung fehlte[80]. Über ihre Kindheit erzählte eine 40jährige Gesprächspartnerin: »Meine Mutter hatte zehn Kinder, sieben Söhne und drei Töchter. Die Schwester meiner Mutter adoptierte zwei der sieben Söhne meiner Mutter und zwei Töchter von einer anderen Verwandten, weil sie selbst keine Kinder hatte. Meine Mutter adoptierte wiederum zwei Töchter. Zu viele Söhne machen den Klan arm.

Wir sind keine Individuen, die Familie ist eins. Wenn etwas geschieht, sind alle betroffen. Die Mutter ist immer verantwortlich für die Kinder, das Kind ist Teil der Mutter. Es ist immer das Kind der Mutter, nicht des Vaters. Macht und Verantwortung tragen die Frauen. Wenn ein Kind vergewaltigt wird, ist die erste Frage: Wo war die Mutter? Bis zum Alter von vier Jahren kümmert sich nur die Mutter um die Kinder. Männer kümmern sich höchstens um die Knaben, wenn diese älter als vier Jahre sind. Dann zeigen sie ihnen männliche Aufgaben. Männer können auch mal ein Auge auf das Kind werfen, ansonsten sind es aber immer die Frauen des Klans, die auf die Kinder aufpassen.

Gestillt wird bei uns, wann immer das Kind will, bis ein neues Baby kommt. Es wird auch dann noch gestillt, wenn die Kinder schon herumrennen. Wir schlafen mit den Kindern am Körper. Wenn ein neues Baby kommt, übernimmt eine Tante das Schlafen mit dem älteren Kind. Der Geruch der Brust der Mutter ist wichtig, er ist ein Zeichen für Nähe. Wir riechen an unseren Kindern, wir küssen sie nicht. Die Bindung geschieht über den Geruch. Man riecht das Baby, bis es läuft, dann nicht mehr. Wir riechen nur das eigene Kind, mit fremden Kindern können wir aber spielen. Die Bindung zwischen Mutter und Kind vollzieht sich über das Riechen.

Die Sauberkeitserziehung ist ein Spiel. Wenn das Kind sechs Monate alt ist, nimmt die Mutter das Kind zwischen die Knie, zeigt ihm, was es machen soll. Die Mutter streckt die Beine aus, hat das Kind zwischen den Knien, schaut das Kind an und hält Papier darunter. Wenn es etwas tut, ist es gut, sonst redet die Mutter ein bißchen mit dem Kind. Da Kinder nackt herumlaufen, war Sauberkeit nie ein Problem. Die Kinder gehen in eine Ecke, die Mutter nimmt eine Schaufel und macht es weg. Mit den neuen Häusern ist das jetzt eher ein Problem.

Die Frauen gehen ins Tarofeld, bevor die Sonne aufgeht. Um acht Uhr morgens kommen sie nach Hause zurück. Wenn es heiß ist, spielen sie mit den Kindern oder schlafen mit ihnen, wenn der Taro kocht. Es ist immer eine Frau da, die sich um die Kinder kümmert. Kinder wurden früher am Bein festgebunden, damit sie herumkrabbeln können, wenn die Mutter kocht. Das war zum Schutz, damit sie erkunden konnten, wenn gerade niemand schaute. Einige Familien tun das heute noch.

Wir waren sieben Kinder, die zusammen aufwuchsen. Ich erinnere mich noch gut, wie unsere Mutter dasaß mit herunterhängenden Brüsten und wir spielten. Wir zogen an der Brust von hinten und sagten: ›Rate, wer da ist, wer da saugt!‹ Das haben wir immer wieder gemacht. Das war sehr schön. Es ist einerlei, ob das Kind ein Junge oder Mädchen ist.

Kinder sollen Erwachsenen nicht in die Augen schauen. Augen sind die Fenster der Seele. Augen können Waffen sein, können der sexuellen Kommunikation dienen; Kinder sollen deshalb niederschauen, wenn sie mit Erwachsenen sprechen oder diesen gegenüberstehen. Kinder sollen nicht reden, nur beobachten und lernen. Ruhig sein und beobachten, das ist wichtig. Zu Kindern wird gesprochen. Wenn Kinder viel sprechen, haben sie keine Zeit zuzuhören. Die Beobachtung ist das Wichtigste. Kinder müssen lernen zu beobachten und zuzuhören.«

Der völligen Triebfreiheit im Kleinkindalter steht der tiefe Respekt und Gehorsam vor Erwachsenen im Kindesalter gegenüber. Ältere Kinder sollen ruhig sein, beobachten und nicht sprechen. Ihnen wird viel Respekt und Ehrfurcht abverlangt. Dieser Respekt wird nicht mittels Gewalt oder Triebunterdrückung durchgesetzt, sondern durch Identifizierung mit den Erwachsenen. Die Grundlage dieser Identifizierung mit den strengen Forderungen nach Disziplin scheint tiefe Bindungsangst zu sein. Diese Angst erlebte ich, wenn ich während meines Aufenthaltes immer wieder gefragt wurde, ob ich wirklich länger in Palau bleiben wolle, ob ich nicht vielleicht doch schon morgen wieder abreise. Ein Gesprächspartner von 55 Jahren: »Das Abendessen ist Erziehungszeit. Was vom Essen übrig bleibt, essen die Kinder und Frauen. Nachdem der Vater gegessen hat, also während die Kinder essen, sollen sie die Instruktionen des Vaters hören. Wenn sie gleichzeitig essen und hören, essen sie die Weisheit des Vaters. Frauen sprechen dabei nicht, sie geben Unterstützung durch ihre Gegenwart, sie widersprechen dem Vater nicht. Frauen würden den Vater niemals unterbrechen. Die Mutter muß immer zugegen sein, denn sie muß wissen, was der Vater gesagt hat, sie muß seine Instruktionen kennen, damit sie die Kinder darauf hinweisen kann. Nur in der Privatheit der Nacht korrigieren Frauen ihren Mann. Am nächsten Abend gibt der Vater seine Instruktionen dann etwas anders, ohne daß die Kinder erfahren, daß die Mutter Einfluß auf diese Veränderungen hatte. Kinder dürfen nicht essen und reden. Wenn sie essen, müssen sie zuhören. Sie sollen durch Beobachtung lernen. Sie sollen beobachten, zuhören und verdauen. Sie dürfen nicht fragen, warum.«

Lernen wird als orale Inkorporation verstanden. Das Wissen des Vaters wird gegessen und verdaut. Aktivitäten wie Fragen und Reden sind nicht erwünscht, Kinder erhalten Instruktionen. Die Unterwerfung unter elterliche Gebote erfolgt über Identifizierung (Beobachten) und Inkorporation. Mit Essen wird die Aggression der Kinder unterdrückt. Wenn sie essen, können sie nicht sprechen. Ein Gruß in Palau heißt: »Komm herein und iß (Bemtuu e momegur)!« Essen dient der Deckabwehr. Aggression, Angst vor Fremden, Sexualität und Gefühle werden mit Essen abgewehrt. Die frühe orale Verwöhnung führt zu einer Fixierung, die spätere Konflikte abwehren hilft. An den Säuglingen wird gerochen, sie werden nicht geküßt. Aus Angst vor oraler Aggression ist Küssen in Palau tabuisiert. Kindheit führt zu einem Geschwisterkonflikt, der abgewehrt werden muß. Die Drohung der Adoption und der abrupte Beziehungsabbruch nach Ankunft eines Geschwisterkindes lösen Trennungsängste, Neid und Gier aus. Der identifikatorische Umgang mit dem anderen wehrt Trennungsängste ab bzw. hilft, diese zu bewältigen.

Auffallend ist das scheinbar völlige Fehlen narzißtischer Konflikte. In einer Kultur, in der die Gemeinschaft Vorrang vor individuellen Bedürfnissen hat, muß eine narzißtische Entwicklung unterdrückt werden. Kinder dürfen Erwachsenen nicht in die Augen sehen. Augen sind Waffen, Fenster der Seele. Eine narzißtische Spiegelung, der Glanz im Auge der Mutter[81] ist eine Gefahr, die gebannt werden muß. Die ersten zehn Monate nach der Geburt lebte die Mutter mit dem Kind in der Abgeschiedenheit eines separaten Raumes. Sie hatte die oralen Triebwünsche des Kindes zu befriedigen. Ihre narzißtischen Wünsche, das Kind etwa in der Gemeinschaft zu zeigen, wurden unterdrückt.

Auch die Adoption verhindert eine enge Bindung der Mutter an das Kind. Das Kind wird eher als Ware innerhalb des Klans hin- und hergeschoben denn als Stolz der Mutter behandelt. Kinder werden dem Tauschprinzip unterworfen, was eine narzißtische Besetzung verhindert. Man muß gesenkten Hauptes aufstehen. Gefühle narzißtischer Einzigartigkeit und Größe müssen unterdrückt werden. Das Kind muß sich den strengen Regeln der Gemeinschaft unterordnen.

2. Heirat

Die Geschichte von Bieb und Matkerumes

»Es war einmal ein Paar, das während der alten Tage in Palau auf den Felseninseln von Ulong lebte. Das Paar war gesegnet mit einem einzigen Kind, einem Mädchen, das Anstand und Schönheit ausstrahlte. Sie gaben ihrem geliebten Kind den Namen Bieb. Unter demselben Stern und Mond fand eine andere Geburt statt: Ein Junge wurde auf den nachbarlichen Felseninseln von Ngeanges, etwa zweieinhalb Meilen entfernt, geboren. Er wurde Matkerumes genannt, und es wurde ein hübscher Junge. Als die Kinder erwachsen wurden, nahmen sie sich gegenseitig wahr, und die Anziehung war auf beiden Seiten groß. Matkerumes ging nach Ulong, um um Biebs Hand anzuhalten. Als Bieb und ihre Eltern den jungen, hübschen Matkerumes erblickten, waren sie überwältigt von der Männlichkeit des Freiers und waren sofort bereit, ihn als ihren künftigen Schwiegersohn anzusehen. Doch Biebs Eltern entschieden, das künftige Paar solle noch eine Weile warten.

Als Bieb älter wurde und als noch schönere Frau aufblühte, begann der höchste Titelhalter Osilek von Ulong, sie zu bemerken. Osilek sandte einen Boten zu den Eltern von Bieb mit der Anordnung, sie zu seinem Haus zu bringen, damit sie seine Ehefrau werde. Osilek war neben seiner Rolle als höchster Titelhalter ein sehr reicher Mann. Er hatte viele seltene und große Stücke palauischen Geldes. Aber Osilek war ein verwelkter, alter Mann. Als die Eltern ihrer Tochter den Antrag des höchsten Titelhalters übermittelten, war sie entsetzt. Die Eltern, arm und verpflichtet, dem höchsten Titelhalter zu gehorchen, bestanden darauf, daß Bieb die Ehefrau des höchsten Titelhalters werden sollte. Aber Bieb blieb fest in ihrer Absicht, Matkerumes zu heiraten.

Eines Tages wurde Biebs Vater krank. Während Mutter und

Tochter den kranken Vater pflegten, nutzte Osilek die Gelegenheit, die arme Familie zu seinen Schuldnern zu machen. Er ließ jeden Tag große Schildkröten und Haifische aus seinen Fischfallen zum Haus des kranken Mannes bringen. Biebs Vater wurde kränker und starb schließlich. Während der traditionellen palauischen Totenwache stellte Osilek Fische im Überfluß zur Verfügung. Die Mutter fühlte sich verpflichtet, Bieb zu drängen, Osilek zu heiraten, und sagte: ›Mein liebes Kind, während dein Vater am Leben war, konnten wir Osileks Wünsche ignorieren. Aber jetzt, wo er tot ist, wäre es ratsam, sein Angebot zu ehren, weil wir arm und schwach sind und in Osileks Schuld stehen. Komm jetzt, meine Tochter, widerrufe deine Zusage an Matkerumes und nimm Osilek an.‹ Als Bieb Matkerumes von der Situation berichtete, sagte er bedauernd: ›Ja, geh und heirate ihn. Die Zeit wird lehren, und ich werde geduldig sein.‹ So wurden Bieb und Osilek Mann und Frau. In Wirklichkeit heiratete Bieb Osilek wegen seines Geldes, in ihrem Herzen wies sie ihn ab und haßte ihn.

Eines Tages wurde Bieb krank, sie wurde ein Opfer der Lepra. Osilek blieb ihr fern, selbst ihre Mutter konnte den Anblick und den Geruch ihrer Tochter nicht mehr aushalten, und schließlich erreichte die tragische Nachricht Matkerumes' Ohren. Eilig setzte er sein Kanu aus, um zu seiner ehemaligen Geliebten zu rudern.

Als er in Ulong ankam, fragte Matkerumes die Mutter, ob er Bieb besuchen könne. Sie führte ihn zu der isolierten Hütte von Bieb. Es war ein herzzerreißender Anblick. Biebs Schönheit war zerstört. Aber Matkerumes kam nicht unvorbereitet. Er brachte ›dimtechei‹ mit, eine Pflanze der Götter mit magischer Kraft, Krankheiten zu heilen. Matkerumes trug Bieb zu einer Wasserstelle und badete sie mit den magischen Pflanzen. Nach einer Weile kam die ursprüngliche Schönheit von Bieb wieder zum Vorschein. Sobald Bieb geheilt war, fragte Matkerumes sie, ob sie zu ihrer Mutter ins Haus gehen oder nur vom Straßenrand aus mit ihr reden wollte. Bieb wollte sofort zum Kanu gehen und davonfahren. Auf ihrem Weg rief die Mutter hinter ihnen her, aber die beiden Liebenden ignorierten sie. Die Mutter kam aus dem Haus und folgte ihnen. Als sie zum Kanu kamen und gerade wegrudern wollten, schaute Bieb zurück und sah ihre Mutter, wie sie ihnen ins Wasser folgte und bis zum Hals im Wasser stand. Bieb sorgte sich um das Leben ihrer Mutter und bat

Matkerumes umzukehren. Als sie einige Meter entfernt waren, sagte die Mutter: ›Schaue mich das letzte Mal an, wenn ich tauche, werde ich mich in eine Venusmuschel verwandeln.‹ Als Bieb die Umwandlung geschehen sah, tauchte sie nach ihrer Mutter und ertrank. O weh! Solch ein kurzes Glück. Die Träume und Hoffnungen ihrer Zukunft wandelten sich in eine Tragödie.«[82]

Die Tragödie von Tulei und Surech

»Ein junger Mann, Tulei von Ngebuked, und ein junges Mädchen namens Surech von Ngkeklau liebten sich. Surech war sehr schön, und Tulei konnte nicht widerstehen, vor seinen Freunden über ihre Schönheit und sein Glück, ihr Liebhaber zu sein, zu prahlen. Das Gerede von Surechs Schönheit drang schließlich zum höchsten Titelhalter des Dorfes, Mad ra Ngebuked. Er rief Tulei und sagte ihm, daß er das schöne Gesicht von Surech sehen möchte.

So ging Tulei nach Ngkeklau und erzählte Surech von seinem Dilemma. Er nahm den Befehl des höchsten Titelhalters wörtlich und sagte, der höchste Titelhalter habe ihm befohlen, ihm den Kopf Surechs zu bringen. Surech glaubte Tulei und, verliebt in ihn, war sie bereit, das Opfer zu bringen. Sie begann Palmwedel zu sammeln, um einen Korb zu flechten, in dem er ihren Kopf zum höchsten Titelhalter tragen könne. Als der Korb fertig war, legte sie ihren Kopf auf einen Klotz und befahl Tulei, schnell ihren Kopf abzuschlagen, da er noch eine lange Reise vor sich habe. So schlug Tulei ihr den Kopf ab, legte ihn in den Korb und ging nach Ngebuked zurück.

Es war schon Nacht, als er in seinem Dorf ankam, und er hängte den Korb an den Ast eines Baumes. Er wollte nicht, daß irgend jemand sah, was er heimgebracht hatte. Er ging zum Männerhaus und sagte dem höchsten Titelhalter, daß er getan, was er verlangt habe. Er nahm den höchsten Titelhalter mit zum Baum und sagte ihm, daß Surechs Kopf im Korb sei. Als der höchste Titelhalter den Korb öffnete, erschrak er beim Anblick des blutigen Kopfes. Er befahl den Dorfbewohnern, Tulei dafür zu töten, daß er ein solcher Idiot sei und seine Anweisung so falsch ausgelegt habe.

Doch einige Leute sagen, daß Tulei kein Idiot war, wie die meisten dachten. Sie sagen, er habe gewußt, wenn der höchste Titelhalter Surechs Schönheit sähe, werde er sie sicher für sich selbst haben wollen, und das habe der arme Tulei nicht ertragen.«[83]

Mit der Heirat verfolgten im traditionellen Palau Frauen vor allem das Ziel, ein Einkommen zu erhalten. Polygamie war bekannt, wurde aber selten praktiziert, da sie zu teuer war[84]. Traditionell gab es drei Wege zur Heirat: Sie wurde entweder von den Eltern arrangiert oder zwei Menschen warben umeinander oder es kam zur »Heirat durch Zwingen von Herz oder Seele«.

Heirat durch Zwang war nur in einem hochrangigen Klan üblich. Eine wichtige Frau des Klans suchte ein Haus auf, verschaffte sich mit Gewalt Eintritt, machte einen Heiratsantrag und heiratete den Mann, den sie im Sinn hatte. Sie machte dies, um ein spezielles palauisches Geldstück zu erhalten. Sobald sie das Geldstück hatte, ließ sie sich scheiden.

Die meisten Heiraten wurden arrangiert. Der künftige Ehemann kam mit Begleitern ins Haus der künftigen Frau. Ein Sprecher und der Kopf des Hauses führten das Gespräch möglichst vor dem Abendessen. Wenn man sich einig war, blieb der neue Ehemann vorerst im Haus der Frau, bis die Eltern der Frau entschieden hatten, wann die Frau mit Essen zum Haus des Mannes begleitet wurde.[85]

Ein Kind, das sich den Heiratswünschen der Eltern fügte, bekam mehr Macht und Autorität im Klan. Eine höherrangige Frau sollte keinen niedrigrangigen Mann heiraten. Tat sie es doch, mußten ihre männlichen Verwandten hohe Geldstrafen zahlen. Junge Frauen und Männer, die nicht verheiratet waren, konnten auch Liebhaber haben. Man durfte sich allerdings mit ihnen nicht öffentlich sehen lassen. Man traf sich nachts im Busch, oder der Liebhaber kam zur Frau ins Haus. Der Mann mußte vor Sonnenaufgang das Haus wieder verlassen haben. Wenn der Morgen kam und die Dorfbewohner oder Eltern den Mann sahen, galt das Paar als verheiratet. Einige dieser Ehen hielten nur einen Tag und eine Nacht. Bei einem jungen Mann mußte der Vater Geld als Entschuldigung für das Verhalten des Sohnes zahlen.[86]

Eine spezielle Heiratszeremonie gab es nicht. Früher veranstaltete der Ehemann nach einigen Ehejahren ein großes Fest (»mur a redil«) zugunsten des Prestiges und der Ehre seiner Frau. Der Ehemann trug alle Kosten für Essen und Tänzer. Ein solches Fest dauerte manchmal einen Monat lang. Die deutsche Kolonialverwaltung verbot diese Feste, da sie zu teuer und eine Zeitverschwendung seien, denn die Menschen arbeiteten in dieser Zeit nicht.[87]

Noch heute gibt der Ehemann nach einigen Ehejahren der Frau ein besonderes palauisches Geldstück als »bus« (»um die Herzen zu umarmen«). Nur ältere Titelhalter zahlen »bus«, junge Männer dagegen zahlen »orau« (»um das Herz zu erfreuen«).[88]

Die Frau kann einen hohen Preis für die Heirat verlangen, 5000 US-Dollar und mehr sind heute keine Seltenheit. Von diesem Heiratsgeld finanziert die Frau beispielsweise den Hausbau ihres Bruders. Eine Ehe kann jederzeit von beiden Partnern geschieden werden. Früher wurde die Scheidung meist von den Verwandten des Mannes angeregt, wenn die Ehefrau aus Sicht der Schwestern nicht genug an deren Geschäften und Tauschverpflichtungen teilnahm oder den Verwandten nicht genug half. Sie sagten dem Mann in diesem Fall, daß er sich scheiden lassen solle.[89]

Ehebruch war vor allem für die Frau streng verboten. Beim Ehebruch der Frau mußte der Liebhaber der Frau »saker« (palauisches Geldstück) zahlen. Dieses Geldstück bekam der betrogene Ehemann oder seine Verwandten. Der Wert des Geldstücks wurde von den Verwandten des betrogenen Ehemannes festgelegt. Der Wert basierte auf der Festigkeit der Ehe und dem Rang der Frau. Wenn der betrogene Ehemann ein Titelhalter war, war der Betrag höher. Ein hochrangiger Titelhalter dagegen zahlte kein Geldstück an einen Mann niedrigeren Ranges.

Bei schlechter Behandlung muß der Mann der Frau »tngakereng« bezahlen. Der Mann darf die Frau nicht schlagen oder ohne Grund öffentlich beleidigen. Sie kann in einem solchen Fall zu ihren Verwandten zurückgehen. Der Ehemann muß dann Strafe zahlen, die Höhe ist abhängig von ihrem Rang und der Art seiner Beleidigung.[90]

Nach einer Scheidung oder Tod sowohl der Ehefrau als auch des Ehemannes zahlt der Klan des Ehemannes an den Klan der Ehefrau palauisches Geld für ihre Dienste und Arbeit im Haus des Mannes.

Lediglich bei Ehebruch der Frau kann die Zahlung verweigert werden. Scheidungen waren häufig. Nach der Scheidung verbleiben die Kinder bei der Mutter.

»Heirat ist ein Geschäft, nicht Liebe«, erklärte mir eine 48jährige Witwe. »Wenn ich wieder heiraten wollte, würde ich zu dem Mann meiner Wahl einen Boten schicken. Der Mann wird dann vielleicht auch einen Boten schicken oder meinen Boten abweisen.«

Eine 83jährige Gesprächspartnerin erzählte: »Wir palauischen Frauen sind stolz und stark. Der Liebhaber der Ehefrau konnte früher getötet werden, und die Frau konnte aus dem Haus des Mannes gejagt werden. Eine verheiratete Frau war geschützt. Wenn Frauen badeten, mußte der Mann von ferne rufen. Wenn er etwas sah, mußte er zahlen. Männer und Frauen, die heirateten, waren gleich alt. Beide Geschlechter heirateten nach der Pubertät. Ich war sechsmal verheiratet. Mit 16 heiratete ich das erste Mal, der Mann war damals 19 Jahre alt. Wir waren vier Monate verheiratet, dann starb er. Mit 17 habe ich einen neuen Mann genommen, wir waren ein Jahr zusammen, er hatte dann eine andere Frau und hat sich von mir getrennt. Mit 19 heiratete ich das dritte Mal. Wir hatten drei Kinder, und dann heiratete er eine andere. Mit 25 heiratete ich das vierte Mal. Wir hatten vier Kinder, und dann trennten wir uns. Mit 35 heiratete ich das fünfte Mal. Wir haben das jetzige Haus gebaut. Wir haben zwei Kinder. Als ich 67 war, starb mein Mann. Bis 70 Jahre war ich dann allein. Mit 70 heiratete ich das sechste Mal einen Titelhalter eines sehr hohen Klans, einen angesehenen und begehrten Titelhalter. Er schickte mir einen Boten, obwohl er viele Angebote hatte. Außer den fünften Ehemann – diese Ehe wurde von den Eltern arrangiert – wählte ich meine Männer selbst.

Es ist Tradition in Palau, daß Männer und Frauen getrennt essen, weil wir verschiedene Rollen haben und nicht hören sollen, was die anderen reden. Die Japaner führten den Brauch ein, daß wir nach den Männern essen sollen. Wir haben immer den Männern das bessere Essen gegeben, das war palauisch. Sie bekamen das bessere Essen, weil die Männer Krieger waren. Der Mann wird verwöhnt, denn er wird früher sterben. Der Mann ist das verwöhnte Kind beim Essen. Die Frauen sind stark, weil der Mann gefüttert wird. Er ist hilflos und von den Frauen beim Essen abhängig.«

Einerseits haben die Frauen viele Freiheiten, sie können um Männer werben und heiraten, wen sie wollen, allerdings unter Berücksichtigung der Rangordnung. Sie können sich scheiden lassen und sind finanziell versorgt aufgrund ihrer Zugehörigkeit zum Klan. Nach den sozialen Regeln werden sie von den Ehemännern mit Respekt behandelt.

Die Mythen zeigen aber auch, daß Zuneigung und Liebe der Frauen den Forderungen des Klans unterworfen sind. Gerade die Mütter scheinen bei dieser Unterdrückung eine wichtige Rolle zu spielen (siehe »Geschichte von Bieb und Matkerumes«). Genitale Liebe darf nicht sein. Sich in Liebe und Schönheit zu verlieren (siehe »Geschichte von Tulei und Surech«) ist ein persönliches Motiv, das die Kultur zerstört. Die Mutter muß verhindern, daß Bieb Lust empfindet und liebt. Aufgrund ihrer Bindung an die Mutter verzichtet Bieb. Mädchen unterwerfen sich den Wünschen der Mutter und des Titelhalters. Mädchen opfern ihre Liebe und genitale Sexualität. Der Knabe dagegen ist innerlich nicht derart gebunden. Matkerumes wartet auf Bieb und kämpft um ihre Zuneigung. Tulei unterwirft sich nur scheinbar den Forderungen des Titelhalters. Die Unterdrückung genitaler Impulse wird vor allem von dem jungen Mädchen erwartet. Sie muß ihre Sexualität dem Tauschprinzip unterwerfen, sie gegen Geld eintauschen. Auch die Liebe muß den Regeln der Gemeinschaft untergeordnet werden.

Dem Ideal der Unterordnung von Sexualität und Liebe, wie sie in den Geschichten zum Ausdruck kommt, haben sich die Frauen in der Realität wohl nur bedingt unterworfen. Von den sechs Ehemännern der hohen Titelhalterin war nur einer von den Eltern ausgesucht. Diese Ehe war allerdings die beständigste. Frauen müssen sich mit zunehmendem Alter den Forderungen des Klans unterwerfen, um im Klan Macht und Autorität zu erhalten. Als Schwestern oder ältere Frauen haben sie Macht über andere jüngere Frauen, deren genitale Sexualität und persönliche Liebe sie zu unterdrücken haben, um die Regeln der sozialen Gemeinschaft durchzusetzen.

3. Schwangerschaft und Geburt

*Das in eine »Dugong« (seltenes Meeressäugetier)
verwandelte Mädchen*

»Eine alte Frau und ihre Tochter lebten am Ufer des Meeres im Distrikt Ngerieleb in Koror. Sie waren sehr arm. Zu allem Leid kam eines Tages hinzu, daß die Tochter schwanger wurde. In den alten Tagen von Palau wurde ein unverheiratetes Mädchen, das schwanger wurde, ohne wenigstens ein formales Heiratsarrangement zu haben, von der Gemeinschaft streng getadelt und mit seiner Familie aus dem Distrikt verbannt. Um ein solches Schicksal zu vermeiden, warnte die Mutter ihre Tochter, sorgfältig alle traditionellen Essentabus für schwangere Frauen zu beachten.

Das Mädchen gehorchte den Anweisungen der Mutter, und einige Monate später gebar sie ein Mädchen. Aber es gab noch andere Speisen, die tabu waren für eine Frau, die gerade ein Baby zur Welt gebracht hatte. Eine davon war ›keam‹, eine Frucht, die das Mädchen besonders gern aß. Als die Mutter eines Tages auf ihr Tarofeld ging, gab das Mädchen der Versuchung nach und öffnete eine ›keam‹. Ihre Mutter kam aber zurück, weil sie etwas vergessen hatte, und sah, wie ihre Tochter gerade die verbotene Frucht essen wollte. Das Mädchen war so erschrocken und hatte solche Angst vor seiner Mutter, daß sie zum Meer rannte, ins Wasser sprang und wegschwamm. Die Mutter flehte sie an, zurückzukommen, aber als das Mädchen immer weiter hinaustrieb, verwandelte sie sich in eine ›dugong‹.«[91]

Die erste natürliche Geburt

»Vor langer, langer Zeit lebte ein Spinnengott mit dem Namen ›Mengidabrutkoel‹ im Dorf von Ngiwal in Palau. Eines Tages, als er sein Netz in einem Baum spann, sah er ein sehr schönes Mädchen nach Früchten Ausschau halten. Sie hoffte, einige Früchte wären während der Nacht vom Baum gefallen. Mengidabrutkoel verwandelte sich in einen Mann und warf, um die Aufmerksamkeit des Mädchens zu erregen, eine Frucht herunter. Das Mädchen mit Namen Turangel blickte auf und sah den Gott als schönen Mann. Als sie sich anschauten, verliebten sie sich sofort ineinander.

Sie sahen sich oft und heirateten schließlich. Sie zogen ins Dorf Ngkeklau, und bald darauf wurde Turangel schwanger. Alle Verwandten von Turangel kamen zu ihrem Haus und begannen zu beratschlagen, wie sie ihren Bauch öffnen sollen, um das Baby ans Licht zu bringen. Denn zur Zeit der Geburt würde die Schwangere sterben. Nach den Legenden war dies eine übliche Praktik in den alten Tagen von Palau. Als Mengidabrutkoel dies hörte, sorgte er sich um seine Frau. Er wollte sie nicht sterben lassen. Er verließ das Dorf, um seine Göttin-Mutter zu fragen. Sie lehrte ihn die richtige Art der Geburt.

Als Turangels Zeit kam, schloß Mengidabrutkoel sich und seine Frau in ihrem Haus ein und erlaubte keinem der Verwandten hereinzukommen. Nach einiger Zeit hörten die Leute draußen das Schreien eines Babys, und alle dachten, Turangel sei schon tot. Als Mengidabrutkoel sie ins Haus ließ, waren sie überrascht, Turangel und das Baby gesund vorzufinden. Einige von Turangels Verwandten, die zum Haus gerannt kamen, waren verärgert, daß ihnen nicht gestattet war, die Operation durchzuführen, wie es die Sitten verlangten. Als alle erkannten, daß eine Frau ein Kind gebären kann, ohne sterben zu müssen, ehrten sie Mengidabrutkoel als Helden und dankten ihm für die Methoden der natürlichen Geburt.«[92]

Aufgrund der hohen kulturellen Wertschätzung von Mutterschaft haben die bedeutendsten Zeremonien in Palau Schwangerschaft und Geburt, vor allem die Geburt des ersten Kindes, zum Inhalt. Trotz dieser hohen Wertschätzung hat Palau eine lange Tradition des

Schwangerschaftsabbruchs. Schon Krämer[93] berichtete, daß Frauen im zweiten bis dritten Monat mit Hilfe besonderer Frauen, die von ihren Ahninnen spezielle Pflanzenkenntnisse übermittelt bekommen hatten, abtreiben konnten. Das noch heute von diesen Frauen verwendete Mittel heißt »ongas«.[94]

Die erste Schwangerschaft, und in abgeschwächter Form auch alle weiteren, ist von zahlreichen Tabus und rituellen Auflagen umgeben. Das Ausbleiben der Menstruation gilt als Beginn der Schwangerschaft, und dann hat die Schwangere ihre Mutter zu informieren, die ihr traditionelle Anweisungen erteilt. Die Schwangere muß zahlreiche Essentabus einhalten; sie darf keinen Geschlechtsverkehr haben; sie darf nicht im Regen laufen, sonst wird es während der Zeremonie des heißen Bades regnen, bis die Zeremonie beendet ist; sie darf nicht an heiligen Plätzen vorbeilaufen, sonst wird ihr Kind abnormal geboren werden; sie soll nicht anderer Menschen Nahrung begehren oder nehmen, sonst wird ihr Kind einen abnormen Wunsch haben, anderen das Essen zu nehmen oder zu stehlen.

Um sicherzustellen, daß die Schwangere alle Tabus einhält, werden ihr aus ihrem Klan Begleiterinnen zugewiesen. Sie darf nicht allein auf der Straße gehen. Etwa im fünften Monat geht sie zum Ort ihrer Geburt, in das Haus ihrer Mutter zurück. Die Mutter gibt der Schwangeren einen aus Kokosnußfasern gewebten Gürtel für ihren Grasrock. Der Mutterbruder gibt ihr ein »omebael«, ein palauisches Geldstück, das während der Schwangerschaft am Hals getragen wird und die gesunde Entwicklung des Babys sichern soll. Die runde Form soll die gesunde Entwicklung des Kindes im Mutterleib gewährleisten.

Die Eltern der Schwangeren haben für nahrhaftes Essen zu sorgen. Der Mutterbruder heuert Männer an, die Delikatessen jagen und fischen, allerdings nur für verheiratete Frauen beim ersten Kind. Die Frau des Mutterbruders bringt Taro (nahrhaftes Essen), der Ehemann der Schwangeren Fisch und Feuerholz.

Etwa im sechsten Monat wird die Kokosnuß geöffnet, und die Schwangere erhält ein palauisches Geldstück als »buldil« (Bezahlung für die Heilung der geplatzten Gebärmutter) von einer weiblichen Verwandten des Ehemannes[95]. Bei diesem Ritual sitzen die Verwandten außerhalb des Hauses zusammen, während die Schwangere in der Tür sitzt. Eine Verwandte des Ehemannes, ge-

Schwangere Frau mit einem »omebael«

wöhnlich seine Schwester, beginnt zu tanzen und zu singen und lobt das Kind. Würde es ein Mädchen, vergrößert es den Reichtum der Familie, würde es ein Knabe, stärkt es den Vater und würde ehrgeizig sein. Die Schwester teilt eine Kokosnuß in zwei Hälften und wirft sie auf den Boden. Je nach Fall der Hälften werden Geschlecht und Zukunft des Kindes vorhergesagt. Anschließend zahlt der Klan des Mannes das Geld an den Klan der Frau.[96]

Die Geburt findet im Kreis von Frauen statt. Wenn die Frau Wehen bekommt, legt ihre Mutter sie so, daß sie den Hauspfosten anschauen kann, der sich in der Kochecke befindet, und sie gibt ihrer Tochter Anweisungen zu den Geburtstechniken. Nach der Geburt hält die Mutter oder eine Schwester der Mutter die Nabelschnur mit ihren Fingern, streift das Blut mit einem dünnen Bambusstück ab und drückt gegen die Zunge des Babys (damit das Baby später nicht so viel redet).

Ist das Kind ein Junge, wird die Nabelschnur zwischen zwei Kokosnußwedel plaziert, und das soll bedeuten: Der Junge wird gut, begabt und mutig bei allen Verrichtungen der Männer. Ist das Kind ein Mädchen, wird die Nabelschnur zwischen zwei Blättern einer Taropflanze gelegt; es soll damit glücklich und fleißig bei den weiblichen Tätigkeiten werden.

Etwa zehn Monate nach der Geburt gibt die Mutter ihrer Tochter Wasser mit Kräutern zu trinken (»osau«). Sie erhält ein kaltes Bad oder wird im Fluß untergetaucht. Jetzt muß sie keine Geburtstabus mehr einhalten und kann zum Haus des Ehemannes zurückkehren.[97]

Während der Schwangerschaft und rund zehn Monate nach der Geburt wurde eine Frau mit Delikatessen versorgt und von Arbeiten verschont. Sie konnte sich bei ihrer Mutter ganz dem Stillen ihres Säuglings widmen. Wie bei der Mutter selbst wurde vor allem auf orale Triebbefriedigung geachtet.

»Ich bedauere sehr, daß Schwangerschaft und Geburt heute kaum mehr in der alten Form erlebt werden. Die schwangere Frau hatte viel Ruhe im Haus der Mutter. Im Haus des Ehemannes mußte sie hart arbeiten. Damit es ihr gutgeht, kehrt sie ins Haus der Eltern zurück. Dort erhält sie Essen von der Familie des Mannes und den Eltern und braucht nicht zu arbeiten. Früher blieb sie dort, bis das Kind etwa ein Jahr alt war, damit sie sich ganz auf es konzentrieren konnte. Schlief das Kind, konnte sie ein wenig umherlaufen. Ansonsten wurde sie versorgt. Die Männer durften und sollten in dieser Zeit andere Verhältnisse mit Frauen haben. Da die Frauen heute nicht mehr wollen, daß ihre Männer andere Beziehungen haben, fallen auch die zehn Monate Schonzeit nach der Geburt weg«, so eine Gesprächspartnerin.

Traditionell sollte der Ehemann während der Schwangerschaft seiner Frau im Männerhaus andere Freundinnen haben und so seine Männlichkeit stärken. Das Kind im Mutterleib darf durch sexuelle Tätigkeit nicht verletzt werden. Während Frauen erklären, daß sie ins Elternhaus zurückkehren, um sich von der harten Arbeit zu erholen, betont die Seite des Ehemannes, daß sie fürchtet, die Frau könne im Haus des Ehemannes bei der Geburt sterben.[98]

Die Vorgänge von Schwangerschaft und Geburt sind mit starken Ängsten besetzt. Der erste Mythos der beiden oben erzählten handelt von der Gefahr beim Verletzen der Essentabus. Das Tabu soll eine gesunde Entwicklung des Kindes und der jungen Mutter gewährleisten. Ihr werden Begleiterinnen zugeordnet, so daß sie nicht allein, sondern der gesamte Klan verantwortlich ist. Das Essentabu soll orale und sexuelle Impulse unterdrücken, denn der Geschlechtsverkehr wird als Gefahr für das ungeborene Kind gesehen.

Im zweiten Mythos wird davon berichtet, daß früher die Menschen den Frauen die Bäuche aufschnitten, weil sie nicht wußten, daß sie auf natürlichem Wege Kinder bekommen können. Einerseits wird die Schwangere verehrt, andererseits kommen in dem Mythos heftige Aggressionen gegenüber der weiblichen Gebärfähigkeit zum Ausdruck. Handelt es sich hier um den abgewehrten Wunsch, den Frauen die Bäuche aufzuschneiden? Die Idealisierung der Mutterschaft führt offenbar auch zu Neid und Aggression, die sich im Mythos äußern, aber unbewußt bleiben. Vielleicht ist der Wunsch, die junge Mutter zu töten, auch Ausdruck unbewußter Aggression gegen die Mutter aufgrund der Ankunft eines neuen Geschwisterkindes. Jede neue Geburt ist eine Wiederholung dieser Erfahrung. Die Liebe des Mannes, eines verwandelten Gottes, schützt die Schwangere vor Aggressionen der weiblichen Verwandten und wohl auch der Mutter, die für die Geburt verantwortlich sind. Die abgewehrte Aggression in der Mutter-Tochter-Beziehung findet in der Geschichte einen eindrucksvollen Widerhall.

4. Die Zeremonie des ersten Kindes

Die bedeutendste Zeremonie in Palau ist die des ersten Kindes: Wenn die Frau ihr erstes Kind bekommen hat, wird sie verehrt. Diese Ehrung kommt der Huldigung der Götter gleich. Noch heute betreten junge Mütter in Angaur während dieser Zeremonie eine eigens dafür errichtete Schaubühne und lassen sich dort nieder. Solche Schaubühnen wurden traditionell nur bei Festen zu Ehren der Götter errichtet. Heute werden Frauen, ausgenommen in Angaur, nur noch durch »Auftritte« in der Öffentlichkeit verehrt.[99]

Die Zeremonie selbst besteht aus drei Teilen, aus einer Serie von heißen Bädern (»omensurech«), aus dem Dampfbad (»omengat«) und dem öffentlichen Auftritt (»ngasech«). »Ngasech« heißt Aufsteigen und verweist auf die Schaubühnen, die aus einem hölzernen Gerüst mit einer Plattform bestanden, deren Höhe und Anzahl der Stufen dem Rang der Frau entsprachen.

- *Die heißen Bäder.* Sie beginnen, wenn die Frau die vorgeschriebenen Ruhe-Monate nach der Geburt hinter sich hat. Die Bäder sollen dafür sorgen, daß die junge Mutter die heiße Sonne auf den Tarofeldern wieder ertragen kann, daß ihre Geschlechtsorgane heilen, die schwarzen Flecken auf der Haut verschwinden, die Haut wieder rein und schön wird. Je nach Rang dauern die Bäder vier bis neun Tage. Hochrangige Frauen sollen diese Bäder an neun Tagen nehmen. Die junge Mutter nimmt etwa acht Bäder am Tag. Jedesmal begeben sich die junge Mutter und die von der Familie angeheuerte Spezialistin in einen kleinen, speziell hergerichteten Raum. Die junge Mutter sitzt nackt auf geflochtenen, grünen Pandanusmatten, und die Spezialistin kämmt das Haar der jungen Mutter zu einem Knoten. Die junge Frau streckt die Beine aus, der eine Arm liegt unter den Brüsten, der andere wird vom Ellenbogen ab hochgehalten. Blätter des Wachsapfelbaumes (»rebotel«) werden außerhalb der Hütte in Wasser gekocht.

Die Spezialistin reibt die junge Mutter mit Kokosnußöl und Gelbwurz ein, um die Haut vor Verbrennungen zu schützen. Die junge Mutter reibt Öl in Genitalien und After. Jeder Körperteil wird mit einer Handvoll in heißes Wasser eingetauchter Wachsapfelzweige kräftig geschlagen, jede Seite des Körpers zweimal. Zum Schluß füllt die Spezialistin eine Kokosnußschale mit kochend heißem Wasser und spritzt das Wasser gegen die geschlagenen Körperteile. Die Frauen sollen während dieser Prozedur keinen Laut von sich geben, aber sie schreien meist vor Schmerzen auf, wenn das heiße Wasser Unterarm oder Genitalien trifft. Auch das Wasserspritzen wird ein zweites Mal wiederholt. Jedes Bad dauert etwa 20 Minuten.[100]

- *Das Dampfbad.* Am Morgen des öffentlichen Auftritts unterzieht sich die junge Mutter einem letzten Bad. Der Vater oder ein matrilinearer Verwandter errichtet aus Bambus und Stoffen eine zeltähnliche Dampfhütte (»belukel«) in jenem Raum, in dem die Bäder stattfanden. Die junge Mutter setzt sich auf einen Stuhl, in dessen Mitte sich ein Loch befindet. Frauen der Mutterseite stellen Töpfe mit gekochtem Taro im Kreis um die junge Mutter. Ein Stück speziell gekochter und in aromatischen Kräutern gewälzter Taro wird unter den Sitz gestellt und die Tür des Zeltes geschlossen. Die junge Mutter sitzt nackt auf dem Stuhl, das Haar offen, und ihre Haut ist mit Öl und Gelbwurz eingerieben. Sie soll die Hitze so lange wie möglich ertragen. Es heißt jetzt, daß die Genitalien der jungen Mutter »gedämpft« werden. Sie geht nach dem Dampfbad in einen anderen Raum und zieht sich für den öffentlichen Auftritt um. Der Taro unter dem Stuhl wird den Schwestern und der Mutter des Ehemannes zu essen gegeben. Er gilt als besonders wohlschmeckend.[101]

- *Der öffentliche Auftritt.* Die junge Mutter wird von ihren matrilinearen Verwandten angekleidet. Das Haar ist wieder geknotet und mit Blumen geschmückt. Die Schwester des Ehemannes legt ihr ein palauisches Geldstück (»buldil«) um den Hals, das mit besonderem Stolz gezeigt wird. Jeder ist neugierig, was die Männerseite als »buldil« gebracht hat. Der Wert der Frau ist damit gestiegen, und künftige Ehemänner haben ein Geldstück zu geben, das höher im Wert ist.

Die junge Mutter wird von den Schwestern des Ehemannes in die

BELUKEL

Das Dampfbad

Öffentlichkeit begleitet. Sie darf nur auf den Grasmatten stehen, die während ihrer Baderituale benutzt wurden. Ihr Körper glänzt in der Sonne golden von Öl und Gelbwurz. Ein Arm stützt die Brüste, der andere wird hochgehalten. Im Freien wird die junge Mutter von den Frauen der Vaterseite tanzend begrüßt. Sie bespritzen ihre Füße mit dem gleichen Wasser, das beim Dampfen benutzt wurde. Damit soll die junge Mutter geehrt werden. Dann wird sie von den Schwestern des Ehemannes wieder ins Haus der Mutter oder des Mutterbruders geführt.
Im Haus beginnt der zeremonielle Tausch. Die Frauen der Mutterseite bringen Pakete mit gekochtem Essen für die Frauen der Ehemannseite, die sie später auf ihrer Seite verteilen. Der Mutterbruder erhält Geld für das Essen, das die Frau während der Schwangerschaft erhielt. Mit der Zeremonie wird das Kind vom Klan des Ehemannes begrüßt und angenommen.

»Ich bin sehr stolz, die Bäder durchgeführt zu haben. Sie waren furchtbar schmerzhaft, aber sie haben meine inneren Organe geheilt. Die Gerüche der Bäder waren wundervoll. Das Auftreten bei der Zeremonie des ersten Kindes ist ein Augenblick des Stolzes und soll die Schönheit der Mutter zeigen«, so eine Gesprächspartnerin.

Die junge Mutter tritt aus dem Haus

Die Frauen der Vaterseite tanzen herbei

Während meines Aufenthaltes in Palau konnte ich an einer Zeremonie des ersten Kindes teilnehmen. Als ich eintraf, war das Fest bereits in Gang. Eine Band spielte (früher war dies nicht üblich, da in Palau nur Gesänge bekannt waren), viele Bewohner des Dorfes saßen auf dem Rasen und warteten auf das Erscheinen der jungen Mutter. Deutlich erkennbar war die Gruppe der Verwandten der Vaterseite. Der Vater selbst spielte keine Rolle, und mir war bis zum Schluß der Zeremonie nicht klar, wer der Vater des Kindes war. Bewegung kam auf, als eine Gruppe von Frauen der Vaterseite sich tanzend zur Kapelle bewegte. Sie steckten den Musikern tanzend einige Dollarnoten an die Kleidung und bewegten sich tanzend zu ihrer Gruppe zurück.

Dann kam der große Augenblick: Die junge Mutter erschien auf der Veranda des Hauses. Bei ihrem Anblick war ich geradezu überwältigt von der Schönheit dieser Frau. Geführt von zwei Frauen, den Schwestern des Kindesvaters, schritt sie auf den Matten zum Zentrum des Platzes. Nun kamen die Frauen der Vaterseite tanzend herbei und umringten die junge Frau. Von allen Seiten steckten sie ihr Dollarscheine in den Gürtel. Die tanzenden Frauen schlugen mit Wachsapfelzweigen, die sie in eine herbeigetragene Wasserschüssel tauchten, gegen die Füße der jungen Mutter.

Nach einiger Zeit wurde die junge Mutter wieder auf die Veranda

Die Füße werden mit Wachsapfelzweigen geschlagen

geführt. Dort nahm sie auf einem Stuhl Platz. Sie schwitzte unter goldschimmerndem Öl. Jemand reichte ihr ein Handtuch. Eine Frau brachte ihren Sohn, den sie in den Arm nahm. Die Frauen der Vaterseite tanzten nun an der jungen Mutter vorbei ins Haus und steckten ihr dabei erneut Geld zu. Dort fand anschließend der rituelle Tausch der Frauen- und Männerseite statt.

Ich stand voller Bewunderung in der Menge. Bei aller Bewunderung und bei allem Neid auf die Gebärleistung dieser Frau spürte ich gleichzeitig eine seltsame Diskrepanz. Die junge Mutter hielt während der gesamten Zeremonie den Blick gesenkt und litt offenbar unter der Hitze. Als ihr das Kind gereicht wurde, hielt sie es auf dem Schoß, ohne Zeichen von Freude und ohne Liebkosung. Das Kind wurde präsentiert. Die Zeremonie galt der Gebärfähigkeit der jungen Mutter, nicht dem Kind. Die Mutter wurde für ihre Gebärfähigkeit bezahlt. So galt die narzißtische Gratifikation, der Stolz beim Auftritt, nicht der Mutter selbst, sondern dem »buldil«.

Hier zeigt sich wieder, daß jede persönliche narzißtische Gratifikation abgewehrt wird. Die Frau gibt das Kind dem Klan der Vaterseite, dafür erhält sie Geld. Persönlicher Stolz und narzißtische Spiegelung dürfen nicht aufkommen. Die junge Mutter hat den Blick zu senken und unter der Hitze zu leiden. Narzißtische Wünsche werden durch rituellen Tausch abgewehrt.

Das Essen des Taros, der beim Dampfbad unter dem Loch des Stuhles, d. h. unter den Genitalien der jungen Mutter, stand, bedeutet symbolisch das Essen der Genitalien selbst (Taro als Bezeichnung für das weibliche Genital). Die Mutter und die Schwestern des Kindesvaters lassen so die Ambivalenz der oralen Haltung erkennen. Das Genital wird symbolisch (kannibalistisch) vernichtet. Die Kehrseite der Idealisierung ist die Aggression, die hier in symbolischer Weise geäußert wird. Auch das Schlagen der Mutter mit den Wachsapfelzweigen und das Bespritzen mit kochendem Wasser sind Äußerungen unbewußter Aggression. Wie bei der Geschichte zur natürlichen Geburt wird hinter der Idealisierung der Mutterschaft starke Aggression erkennbar, die ritualisiert abgewehrt wird und unbewußt bleibt.

5. Tod und Beerdigung

Neben der Zeremonie des ersten Kindes ist noch ein anderes Ereignis von ausgeprägten Ritualen umgeben: Tod und Beerdigung. Auch diese Rituale werden nur von Frauen geleitet.
 Die ersten zehn Tage nach dem Tod eines Menschen sind in Palau die unmittelbare Trauerperiode. Die wichtigsten Rituale dieser Zeit sind die Beerdigung samt der Titelwegnahme (»dgeiul a dui«), die Befragung der Götter (»sis«), die Bepflasterung des Grabes (»omengades«) und die letzte Entscheidung (»cheldecheduch«).
 Viele alte und kranke Menschen kehren heute noch zum Sterben in das Haus der Mutter oder in das des Oberhauptes des mütterlichen Klans zurück. Nach der Tradition war der Ehemann verpflichtet, die Frau im Falle einer Krankheit zu ihrer Familie zurückzubringen. Nahe Verwandte müssen die Beerdigungsrituale durchführen, wenn die Seele in die nächste Welt einziehen soll. Sie bereiten den Körper des Toten für die Beerdigung vor, die möglichst bald nach dem Tod stattfinden soll. Als die geeignetste Person gilt die Schwester, aber auch die Mutter oder Mutterschwester können diese Aufgaben übernehmen. Die Frauen baden den Körper des Toten und kleiden ihn an. Der Mund wird mit Betelnußsaft bestrichen. Früher wurden alle Körperöffnungen mit Strähnen der Kokosnußpalme oder Areca-Palme verschlossen. Noch heute werden die Körperöffnungen mit einem Tuch verschlossen, damit keine Flüssigkeit aus dem Körper dringen kann.
 Die trauernden Frauen sitzen in einem Kreis um den Verstorbenen, der in der Mitte des Raumes liegt, Verwandte mütterlicherseits rechts, väterlicherseits links. Die wichtigste Position, die am Kopf des Toten, ist reserviert für die naheste weibliche Verwandte, idealerweise Mutter oder Schwester. Die Ehefrau, zu traurig, um am Kopf zu sitzen, hockt am Fußende. Der Kopf einer Person gilt als besonders privat. Jemand, der nicht mit dem Toten verwandt ist,

NGARA SAR

Trauerfrauen umringen den Toten

darf den Kopf nicht berühren. Der Kopf einer hochrangigen Person ist heilig.

Der Körper muß vor Einbruch der Dunkelheit beerdigt werden. Nachdem der Tote aus dem Haus getragen ist, muß noch vor der Beerdigung sein Titel von ihm genommen werden. Der Tote wird mit dem Kopf zuerst aus dem Haus getragen. Ist der neue Titelhalter bereits gewählt, sitzt er auf der Türschwelle des Trauerhauses der Frauen. Der Titelabnehmer steht neben dem Toten, mit einem Bündel von Palmblättern (»dui«) in der Hand, und hält eine kurze Ansprache über die Verdienste des Verstorbenen. Mit den Palmblättern weist er dreimal auf den Verstorbenen, geht unter dem Toten hindurch zu der Person, die den Titel erhalten soll. Er weist mit den Palmblättern dreimal auf den neuen Titelhalter hin.[102]

Der Titel wird vom Körper auf die Palmblätter und von ihnen auf den Nachfolger bzw. auf die Frau des Klans übertragen, die den Titel aufbewahrt, bis der Nachfolger bestimmt ist. Der Nachfolger umarmt die Blätter, verbeugt sich leicht vor ihnen und legt sie rechts neben sich als Zeichen, daß er die Verantwortung tragen kann. Ist der Titel von ihm genommen, wird der Verstorbene mit seinem Geburtsnamen beerdigt.[103]

Männer tragen den Verstorbenen auf Bambusstäben zum Grab. Die feinen Pandanusmatten (»chellubes«) zum Bedecken des Toten werden von einer nahen weiblichen Verwandten angefertigt. Eine Frau nimmt die Matten unter den linken Arm; sie darf nicht zum Haus zurückschauen und nicht antworten, wenn jemand sie ruft. Wenn der Körper im Grab liegt, bedeckt sie den Körper bzw. heute den Sarg mit den Matten.[104]

Nach der Beerdigung wird ein Fest abgehalten. Die Trauerperiode ist zehn Tage oder länger, je nach Rang des Klans. Die Trauerfrauen dürfen in dieser Zeit nicht kochen und nur zu bestimmten Zeiten am Morgen baden. Sie singen Todeslieder, flechten Matten für andere Beerdigungen und tanzen. Sie sollen den Toten begleiten.

Am Abend des dritten Tages nach der Beerdigung wird die Befragung der Götter abgehalten. Jeder Tod, besonders der eines jüngeren oder kranken Menschen, löst den Verdacht aus, daß der Tod auf die Beleidigung eines Gottes durch den Verstorbenen selbst oder einen seiner Verwandten zurückgeht oder daß andere den Tod durch Magie oder Gift verursacht haben.[105]

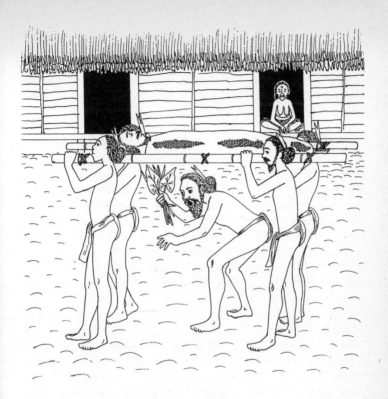

DGEIUL A DUI

Entfernung des Titels

Die nächste weibliche Verwandte des Toten führt die Zeremonie durch. Spezielle Blätter werden mit duftenden Dingen in Kokosnußwedel eingerollt und mitten auf dem Fußboden des Hauses ausgebreitet. Eine der Frauen fragt flüsternd nach den Ursachen des Todes. Wenn die Ursachen gefunden sind, fängt das »sis« (die eingerollten Blätter) zu tanzen an [106].

Ein ranghoher 55jähriger Titelhalter erklärt: »Wenn der Tod unerwartet eintritt, werden Matten ausgebreitet und das ›sis‹ nach den Ursachen befragt. In der ersten Reihe sitzen die Frauen. In der zweiten Reihe können Männer nach ihrem Rang geordnet sitzen. Das Blatt wird befragt: ›War es der Gott von Klan Nr. 1? War es der Gott von Klan Nr. 2?‹ Wenn das Blatt aufrechtsteht und zu tanzen anfängt, klatschen alle mit den Händen auf den Boden und rufen rhythmisch: ›Es ist er, es ist er.‹ Nun wissen die Anwesenden, welcher Gott beleidigt wurde, und die Verwandten des Verstorbenen müssen zum Oberhaupt dieses Klans gehen und Geld bezahlen, um die Sache zu bereinigen.«

Während der Zeremonie bereiten weibliche Verwandte des Verstorbenen ein Essen (»tiuchel«) für die Götter und die Geister der Ahnen. Am Tagesanbruch des vierten Tages, dem Ende der Befragung der Götter, wird das Essen hereingebracht. Nachdem die Götter und Geister gegessen haben, verteilt eine ältere Frau die Überreste an die Anwesenden. Nach dem Ende der Befragung gehen einige Trauernde nach Hause, während die nächsten Verwandten noch fünf weitere Tage bis zum Ende der Zeremonie des »omengades« bleiben. Das Grab wird bei dieser Zeremonie mit Steinen versiegelt.

Für jeden Tag der Trauerperiode knüpfen die Trauerfrauen einen Knoten in ein Kokosnußfaserband (»teliakl«). Am Ende der Trauerperiode, wenn auch die engsten Verwandten nach Hause gehen, legt die nächste weibliche Verwandte noch weitere Knoten an, bei einem hochrangigen Klan bis zu einhundert Tagen. Das Trauerband wird zusammen mit den Matten, auf denen der Verstorbene gewaschen wurde, in einem Tarofeld begraben.[107]

War der oder die Verstorbene verheiratet, wird eine letzte Entscheidung (»cheldecheduch«) gehalten. Beim Tod der Ehefrau wie auch des Ehemannes muß der Klan des Mannes an den Klan der Frau Geld zahlen. Mann und Frau können nach dem Tod des Ehe-

OTERKEL A SIS

Befragung der Götter

partners wieder heiraten[108]. Die Höhe des Geldes, das für die Frau gesammelt wird, hängt ab von den Essen und den Diensten, die sie für den Klan des Mannes geleistet hat, aber auch vom Wert des Ehemannes innerhalb seines Klans. Bei der letzten Entscheidung für die hinterbliebene Ehefrau eines hochrangigen Klans, die während meines Aufenthaltes getroffen wurde, sammelten die Frauen des Klans des Ehemannes 40 000 US-Dollar und drei palauische Geldstücke.

Wie die Geburt ist auch die Beerdigung Sache der Frauen. Männer und Frauen kehren zum Haus der Mutter zurück. Der Tote wird mit der Entfernung des Titels quasi wieder zum Kind, und nur unter der Obhut seiner weiblichen Verwandten schafft er den Übergang in die Welt der Toten. Mütterlichkeit bietet Schutz und Stärke bei der Verhandlung mit den Göttern. Darin besteht die Basis der Frauenmacht.

Der Titel symbolisiert nicht Herrschaft über Menschen, sondern Verbundenheit mit dem Land, wie eine Gesprächspartnerin erklärte: »Nicht wir besitzen das Land, sondern das Land besitzt uns.« Der entfernte Titel wird wieder auf Pflanzen übertragen. Wie das Tarofeld die Menschen versorgt, muß ein Titelhalter sich um die Menschen seines Klans oder Distriktes kümmern. Darin äußert sich eine eher weibliche Vorstellung von Macht.

Beeindruckend ist, wie Frauen in diesem traditionellen System beim Tode des Ehemannes versorgt und für ihre Ehepflichten bezahlt werden. Jedoch zeigt sich hier auch die Macht der Schwestern des Ehemannes und die Abhängigkeit der Ehefrauen von ihnen. Frauen sind nicht vom Ehemann, aber von seinen Schwestern abhängig.

IV. Religion und Magie

1. Totem und Tabu

Jeder kleinere oder größere Distrikt von Palau hat seinen eigenen Gott (»chelid«). Es gibt männliche und weibliche Götter. Die Götter werden durch Totemtiere repräsentiert, die ihrerseits tabuisiert sind. Die Götter des Distriktes haben das öffentliche Eigentum, den Distrikt und seine Bewohner vor Feinden zu schützen und zu verhindern, daß Krankheiten den Distrikt heimsuchen. Die Götter haben ein Medium (»kerdelel«), durch das sie mit den Menschen sprechen können (siehe Kapitel »Das Medium von Ngchesar«). Bei einer Befragung spricht der Gott durch das Medium, das anschließend einschläft und sich an nichts mehr erinnern kann, was der Gott gesagt hat.

Außer den Göttern des Distriktes hat jeder Klan seinen Gott. Diese Götter lassen die Mitglieder des Klans krank werden, wenn sie sich gegenseitig verletzen oder Eifersucht zwischen den Mitgliedern aufkommen lassen. Im Falle einer Krankheit wird das Lieblingsgericht des Gottes gegessen, um so von den Leiden geheilt zu werden. Lieblingsgerichte sind zum Beispiel Kokosnußkrabben, Haie, Mangrovenkrabben, Meeresfrüchte und auf Holzkohle zubereitetes Schildkrötenfleisch.[109]

Neben den Göttern stehen noch die Geister der Verstorbenen. Die Geister anderer Klane sind gefürchtet, besonders solche von geköpften Kriegern, von getöteten Liebhabern der Ehefrau, von Frauen, die im Kindbett starben, von Selbstmördern. Alle diese Menschen werden ohne Ehrerbietung außerhalb der Familiengräber beerdigt. Die Geister des eigenen Klans (»bladeks«) werden als Schutzgeister angesehen, für die in den Häusern Altäre eingerichtet werden.[110]

Götter sind mächtiger als Geister, denn sie waren nie Menschen. Der Gott eines ranghohen Klans ist bedeutender als der eines rangniedrigen. Häufig wurde der Gott des höchsten Klans zum Dorfgott erklärt, und alle hatten sich an dessen Tabus zu halten. Jeder Klan hatte früher im Garten ein Haus für den Gott. Es wurde »Handtasche Gottes« genannt. Hier wurde Essen geopfert. Der Gott des Distriktes hatte ein Haus im Mittelpunkt des Dorfes[111]. Dazu ein älterer, hoher Titelhalter: »Die Geister der Verstorbenen sind bei den Göttern. Man betet zu beiden. Jeder Klan hat seinen eigenen Gott, der von einem Tier repräsentiert wird. Das Tier selbst ist nicht der Gott. Der Gott meines Klans wird durch eine besondere Schlange, eine rot-gelb gestreifte, repräsentiert. Immer wenn ich diese Schlange sehe, muß ich sie füttern und mit ihr sprechen. Es ist eigenartig, aber es hat den Anschein, als ob die Schlangen zuhören, wenn ich mit ihnen spreche. Die Mitglieder meines Klans dürfen diese Tierart nicht töten, sonst werden sie schwerkrank. Das Schlimmste ist, ein solches Tier zu essen. Dann muß man sterben.«

Eine Gesprächspartnerin: »In Ngchesar heißt der Gott des Distriktes Oaiho. Er wird im Wasser durch den auf dem Rücken schwarzweiß gefleckten Stachelrochen repräsentiert, auf dem Land durch einen schwarzen Vogel. Beide Tiere repräsentieren denselben Gott. Er hat eine Repräsentation im Wasser und eine entsprechende Repräsentation auf dem Land. Er war früher ein Kriegsgott. Er ist sehr eifersüchtig, deshalb ist er heute noch so stark. Früher gab es männliche und weibliche Götter. Jeder Gott hatte eine Göttin. Viele Fische repräsentieren Götter. Ein Klan aus Melekeok hat die schwarzweiße Seeschlange als Gottesrepräsentation. In Angaur verehrt ein Klan den Hai. Der Klan meines Vaters verehrt die Kokosnußkrabbe, ein anderer Klan meiner Vaterseite verehrt den Hund.«

Eine ältere, hohe Titelhalterin: »Die Schlange ist unsere Beschützerin. Sie ruft Krankheiten nur bei Mitgliedern eines anderen Klans hervor, nicht bei den eigenen Leuten. Wenn wir reisen, beschützt uns der Gott. Es gibt ein Haus, wo der Gott auf dem Land wohnt. Unser Gott hat zwei Repräsentationen, die braune Frischwasserschlange und die schwarz-weiße Salzwasserschlange. Die Schlangen sind die Haustiere des Gottes, nicht er selbst. Jeder Klan hatte früher seinen Gott, jetzt haben auch mehrere Klane einen Gott, wie den Distriktgott in Ngchesar, den am Rücken gefleckten Stachelrochen. Der Gott bekam mehr Macht. Die Tabusektion eines Dorfes ist dort, wo der Gott wohnt. Dorthin rannten die, die verfolgt wurden, weil sie ohne Erlaubnis durch das fremde Gebiet gingen. Dort wurde verhandelt, und sie mußten für die Beschädigung bezahlen. Das Tabugebiet ist ein Hafen für Kriminelle. Sie konnten dort nicht getötet werden, und zwei hohe Titelhalter mußten mit ihnen verhandeln. Der Ort ist heilig.«

Die Götter werden als Beschützer, aber auch als Kontrolleure der sozialen Regeln angesehen. Hält man sich nicht an die sozialen Regeln, muß man fürchten, daß die Götter Krankheiten schicken. Der Gott bestraft auch Mitglieder anderer Klane, sollten sie einem Mitglied des eigenen Klans Unrecht zufügen. Aus Angst vor den Göttern werden die sozialen Regeln eingehalten. Die Götter übernehmen Über-Ich-Funktionen. Sie müssen mit Geldzahlungen oder ihren Lieblingsspeisen versöhnt werden. Geld ist ein Geschenk der Götter für Wohlverhalten, Geld ist aber auch der Preis an die Götter bei Fehlverhalten.

Die Klanmitglieder sind durch ein spezielles Essentabu miteinander verbunden. Aufgrund der im Unbewußten vollzogenen Gleichsetzung von Essen und Sexualität dient das Tabu der Aufrechterhaltung der Inzestschranke; es sichert die Forderung nach Exogamie.

Freud sieht in der Totemreligion den Ausdruck des Schuldbewußtseins der Söhne, die den Urvater töteten. Der Vater soll durch nachträglichen Gehorsam versöhnt werden. Man ehrte den Vater, indem man am Totem die Tat nicht wiederholte, sondern dessen Leben schonte. Das Totemtier ist bei Freud Vaterersatz.

»Hatten sich die Brüder verbündet, um den Vater zu überwältigen, so war jeder des anderen Nebenbuhler bei den Frauen. Jeder hätte sie wie der Vater alle für sich haben wollen, und in dem Kampfe aller gegen alle wäre die neue Organisation zugrunde gegangen. Es war kein Überstarker mehr da, der die Rolle des Vaters mit Erfolg hätte aufnehmen können. Somit blieb den Brüdern, wenn sie miteinander leben wollten, nichts übrig, als... das Inzestverbot aufzurichten, mit welchem sie alle zugleich auf die von ihnen begehrten Frauen verzichteten, um deren wegen sie doch in erster Linie den Vater beseitigt hatten.«[112]

Die Annahme eines Urvaters und seine Tötung durch die Brüderhorde gehört in den Bereich der Spekulation. Das Fehlen eines starken Vaters macht aber die von Freud beschriebene Notwendigkeit aus, das Inzestverbot auf die gesamte Gruppe auszudehnen. Jeder Klangott hatte eine Göttin; das Totemtier repräsentiert Vater und Mutter, nicht nur den Vater. Das Tier soll nicht getötet und gegessen werden. Der Totemismus hat das Vorherrschen oraler Phantasien (Essen =Sexualität) zur Voraussetzung und die Identifizierung mit den Geschwistern bzw. der Gleichaltrigengruppe an Stelle der Rivalität mit dem Vater. Die Beziehung zwischen Bruder und Schwester ist von daher besonders durch inzestuöse Wünsche gefährdet.

2. Die Kopfjagd

Krieg und Kopfjagd dienten in Palau, äußerlich betrachtet, der Geldeinnahme. Zwischen befeindeten Distrikten gab es große und kleine Kriege. Große Kriege wurden mit Ankunft der Europäer eingestellt. Sie wurden in zwei Formen ausgetragen. Beim »benget«, der am Tage ausgeführt wurde, landeten die Angreifer bei Ebbe auf dem trockenen Ufer. Dabei handelte es sich mehr um einen Wettkampf in Geschicklichkeit. Zweikämpfe wurden mit Speeren ausgetragen. Der Sieger erhielt den Kopf des Besiegten. Die zweite Art des großen Krieges hieß »omangabl gutiling«. Bei ihm landeten die Angreifer bei Hochwasser und in der Nacht.[113]

Ein besiegtes Dorf mußte Geld zahlen, und dann konnten die Bewohner in das Dorf zurückkehren. Ein mächtiges Dorf konnte ein anderes bedrohen, und allein diese Bedrohung konnte Geld einbringen. Friede wurde häufig durch Geldzahlungen wiederhergestellt. Die Bewohner eines zerstörten Dorfes, die von einem anderen Dorf aufgenommen wurden, zahlten an dieses für Unterkunft und Essen.[114]

Der kleine Krieg, »osiik a kad« (»Menschensuchen«) genannt, galt der Jagd auf Menschen, deren abgeschlagener Kopf, der »blobaol«, für die Dörfer eine wichtige Bedeutung hatte. Folgende Gelegenheiten erforderten einen Kopf: Ein neuer Titelhalter konnte sein Amt nicht antreten, bis Bewohner eines befreundeten Distriktes einen Kopf suchten und tanzend herbeibrachten. Für den Kopf wurde der befreundete Distrikt bezahlt. War einer der höchsten Titelhalter krank und die Beleidigung eines Gottes die Ursache der Krankheit, so wurde zu Ehren der Gottheit ein Singen veranstaltet und gleich danach ein Kopf »gesucht«, der als versöhnendes Opfer galt. Zum Aufführen des »ruk« (spezieller Tanz) wurden zwei Köpfe benötigt, desgleichen beim Aufstellen eines Gotteshauses. Ein neues Männerhaus erforderte zum Errichten des Giebelteils einen Kopf. Wollten die Frauen einer Dorfhälfte der anderen Hälfte eine festliche Überraschung bereiten, so baten sie um einen Kopf. Dieser wurde ihnen von einem Männerklub gebracht. Die Frauen trugen ihn tanzend auf die andere Seite und mußten durch Geschenke entlohnt werden. Die andere Seite ließ dann nicht lange auf einen Gegenbesuch warten.

Bei solchen Gelegenheiten wurden die Köpfe mit Zustimmung der Männerversammlung geholt. Ein junger Männerklub ging aber auch ohne Erlaubnis auf Kopfjagd. Überfallen wurden einzelne unbewaffnete Männer und nicht selten eine Frau. Der kopflose Tote mußte dort begraben werden, wo er umgebracht worden war, und zwar ohne Zeremonien. Die Verwandten ersetzten den Kopf durch eine Pandanusfrucht, in die sie das Gesicht des Getöteten einritzten. Die Verwandten mußten sich, um dem Zorn des Getöteten zu entgehen, einer Reinigung unterziehen. Freunde stellten einen Speer vor die Tür des Hauses des Getöteten mit dem Versprechen, Rache zu nehmen. Gewöhnlich wartete man auf eine entsprechende Gelegenheit, denn Köpfe wurden nicht des Vergnügens wegen »gesucht«. Der Kopf mußte nützlich sein, sonst lohnte er nicht die Mühe.[115]

Kubary beschreibt eine solche Kopfjagd: Zunächst empfahlen sich die Jäger dem Kriegsgott Horgim. Sein Name war nur beim Abschlagen des Kopfes auszurufen, sonst hieß er mit seinem menschlichen Namen Iriaria. Wenn jemand den Kopf eines Feindes ohne Anrufung Horgims abgeschlagen hätte, würde das Blut des Geköpften sich über ihn ergießen, und er würde krank werden oder gar sterben. In der Nähe eines befeindeten Dorfes angelangt, rieb man sich mit Gelbwurz ein, bereitete sich ein letztes Betel und schlich möglichst still zum ersten Haus oder Männerhaus, wenn man draußen niemand überraschen konnte. Man suchte nach wenigstens einem Kopf und wollte sich dann möglichst schnell zurückziehen.

Wurden die Angreifer überrascht und verloren ihrerseits einen Kopf, mußte der Anführer nach der Rückkehr eine hohe Strafe zahlen. Hatte er mindestens einen Kopf mitgebracht, so tanzten beide Seiten. Den Kriegstanz führte der Männerklub auf, der überall festlich empfangen wurde, wenn er durch die Dörfer der befreundeten Distrikte zog und dort bezahlt wurde. Im letzten Dorf wurde der nun nutzlose Kopf, der immer im Korb geblieben war, weggeworfen. Gewöhnlich wurde der Korb in einem Baum aufgehängt, bis er verfault war und der Kopf herunterfiel, oder man warf ihn in eine Baumhöhle. Gehörte der Getötete einem hohen Hause an, schickten die Verwandten den Siegern Geld, mit der Bitte, den Kopf zu begraben. Der Bitte wurde entsprochen, und die Tanzgruppe zog anschließend weiter, ohne Kopf.[116]

Ohne hier über das quantitative Ausmaß der Kopfjagd spekulieren zu wollen – Kubary[117] zufolge wurden von 1875 bis 1885 insgesamt 34 Köpfe abgeschlagen, in der Zeit zuvor waren es möglicherweise mehr –, möchte ich der Frage nachgehen, welche psychodynamische Funktion die Kopfjagd für die Männer Palaus gehabt haben könnte. Vielleicht kann das Gespräch einen Hinweis geben, das ich mit dem dritthöchsten Titelhalter der einen »Hälfte des Himmels« geführt habe. Wir fuhren in seinem Auto zu einer »Zeremonie des ersten Kindes«. Auf dem Weg unterhielten wir uns darüber. Nachdenklich meinte er plötzlich: »Ich habe mich schon oft gefragt, warum sich die Krieger mit derselben gelben Tinktur aus Gelbwurz einrieben, wie sie die Frauen bei der Zeremonie des ersten Kindes benutzen.« Ist die Kopfjagd möglicherweise auf den Gebärneid der Männer in einer matrilinearen Kultur zurückzuführen? Mit dem Kopf (dem Kind) kamen sie zurück und wurden ähnlich feierlich begrüßt und geehrt wie die junge Mutter bei ihrem Auftritt während der Zeremonie des ersten Kindes.

Die Gelbwurz ist eine Metapher für die Schwesterkinder, Schwestertochterkinder und Schwestertochtertochterkinder. Die am weitesten zurückliegende Mutter des Klans (Ursprungsmutter) wird »Mutter der Gelbwurz« (»delal a kesol«) genannt[118]. Reibt sich die junge Mutter bei der »Zeremonie des ersten Kindes« mit Gelbwurz ein, so identifiziert sie sich symbolisch mit ihrer matrilinearen Abstammungslinie. Durch die Geburt ihres Kindes ist sie nun selbst Ursprungsmutter geworden.

Unverkennbar hatte die Kopfjagd eine wichtige, aber unbewußte Funktion für die männliche Entwicklung. Sie wurde von Männern ausgeführt, im allgemeinen aus männlichen Anlässen (Erkrankung des männlichen Titelhalters, Errichtung des Männerhauses, Installation eines neuen Männerklubs etc.). Die Köpfe wurden dem Kriegsgott geweiht. Männer unterwarfen sich symbolisch dem Kriegsgott (Vater), indem sie ihm einen Kopf (Kind) brachten. Vor allem junge Männer gingen auf Kopfjagd, die den Übergang von der Kindheit zum Erwachsenenalter bezeichnete.

Im Übergangsritus wird Männlichkeit nicht durch symbolische Kastration (Beschneidung) und Unterwerfung unter den Vater gesichert. Ein Kopf wird gewaltsam (aufgrund des Gebärneides) genommen, und es kommt zur weiblichen Identifizierung (Gelbwurz) mit Unterwerfung unter den Vater (Gott) durch das Geschenk eines Kindes anstelle einer symbolischen Kastration.

In der matrilinearen Kultur Palaus beruhen Macht und Ansehen auf der Mutterschaft. In Krisenzeiten wird die weibliche Identifizierung gesucht und nicht, wie in einer patriarchalischen Kultur, abgewehrt[119]. Durch die starke Betonung getrennter männlicher und weiblicher Lebenswelten kommt es durchaus zur männlichen Identifizierung, gleichzeitig aber bleibt die primäre weibliche (mütterliche) Identifizierung bestehen, insofern Mütterlichkeit Macht bedeutet. Besitzt in einer patriarchalischen Kultur der Phallus symbolische Macht[120], so war in Palau das öffentliche Zeigen des Kindes (Kopfes) ein Beweis für Gebärfähigkeit (Mütterlichkeit). Da narzißtische Strebungen zugunsten der Gemeinschaftsbildung unterdrückt werden müssen, durfte der Kopf nicht einer narzißtischen Kompensation dienen, wie dies etwa für den Phallus gilt. Die Tänzer wurden bezahlt, der Kopf nach der letzten Zahlung achtlos weggeworfen. Der Krieger wurde nicht wegen seines Mutes geehrt, sondern es wurde nur der Kopf bezahlt. Der Krieger muß ein Kind geben, die befreundeten Dörfer Geld. Die Spaltung in befreundete und befeindete Dörfer, eine Spaltung in Gut und Böse, gestattete das Ausleben sonst abgewehrter Aggressionen.

Alle rationalen Erklärungen für die Kopfjagd, etwa der Wunsch nach dienenden Seelen, sind nach Downs[121] unbefriedigend. Auch er sieht einen Zusammenhang zwischen Fruchtbarkeit und Kopfjagd, da die Köpfe in Indonesien häufig mit Fruchtbarkeitssymbolen geschmückt werden. Nach Downs besteht zudem ein Zusammenhang zwischen Kopfjagd und Dualität. Kopfjagd ist immer reziprok: Der Verlust eines Kopfes fordert einen neuen Kopf; das Gleichgewicht zwischen zwei Gruppen ist wiederherzustellen. Nach Downs könnte ein unbewußtes Motiv für die Kopfjagd die Wiedergeburt in der eigenen Gruppe sein. Auch hier geht es also um eine Geburtsphantasie der Männer.

3. Die Baumleserinnen

Die traditionelle palauische Medizin wird aus Pflanzen, Blättern, Wurzeln, Blumen, Seegras, Fischen oder anderen Meeresfrüchten hergestellt. Heiler(innen) setzen solche Mittel zu Heilzwecken ein, während Magier mit ihren Kenntnissen töten oder den Körperverfall hervorrufen können. Einige medizinische Heilmittel werden gekaut und mit Wasser geschluckt, andere mit Kokosnußöl auf den Körper gerieben, und an wiederum anderen muß gerochen werden. Mittel, die zu Tod und Körperverfall führen, sind eine Kombination aus gefährlichen Pflanzenbestandteilen und Praktiken, die Krankheit und Tod mit sich bringen. Neben diesen Verfahren findet sich noch heute als medizinisches Heilmittel die Technik der Massage (»omesumech«), die als hochgeschätzte Fähigkeit gilt, die traditionell nur von Person zu Person weitergegeben wurde. Nur noch wenige besitzen heute diese Fähigkeiten.

Bevor eine Person behandelt werden kann, muß ein »Experte« aufgesucht werden, der die Ursache der Krankheit feststellt. Die bekanntesten »Experten« sind die Baumleserinnen (»melanges a kerrekar«). Die Krankheitsursachen können aber auch durch andere Methoden ermittelt werden, zum Beispiel durch Wolkenlesen, das Beobachten der Bewegungen von Spinnen, das Lesen der Knoten von Kokosnußschnüren u. a. Mit »Lesen« soll festgestellt werden, ob die Ursachen magischer Art sind oder ob ein Gott verantwortlich ist, der gebeten werden muß, damit aufzuhören, damit die Krankheit geheilt werden kann[122].

Eine Baumleserin erzählt: »Meine Mutter war Baumleserin. Sie erklärte mir, als sie alt wurde, das Baumlesen. Es gab kein Fest, auch keine Zeremonie. Etwa drei Jahre habe ich meiner Mutter zugesehen, und sie hat mir die Geheimnisse des Baumlesens gezeigt. Die Baumleserin entscheidet, wer den Titel von ihr bekommt. Hat sie keine Tochter, kann sie auch einen Mann auswählen. Ich bin jetzt 67 Jahre. Ich habe mich noch nicht entschieden, welcher Tochter ich das Geheimnis anvertraue. Ich kann es auch allen Töchtern mitteilen. Ich fing erst an zu lesen, als meine Mutter starb. Vorher hatte ich es von meiner Mutter gelernt, aber nicht angewandt. Jede Baumleserin behält ihr Geheimnis, sie redet nicht mit anderen Baumleserinnen.

Es sind hauptsächlich Frauen, die zu mir kommen. Sie kommen mit allen möglichen Problemen, die sie nicht verstehen. Sie kommen nicht nur mit Krankheiten, sondern auch mit Liebeskummer und anderen Dingen. Es können auch Menschen kommen, die nicht Mitglied unseres Klans sind. Ich schaue dann den Baum an, und er erzählt mir, ob ich das Problem behandeln kann oder nicht. Wenn die Ursache eines Problems Geld ist, dann sage ich der Person, sie solle Geld geben. Ein Streit kann nicht beigelegt worden sein, weil jemand – vielleicht auch ein längst Verstorbener – nicht bezahlt hat.

Ich lese im selben Baum wie meine Mutter. Seit Generationen haben wir einen bestimmten Baum, aus dem wir lesen. Jede Baumleserin hat eine eigene Baumsorte, aus der sie liest, und sie kann aus allen Bäumen ihrer speziellen Sorte lesen. Ich gehe aber immer nur zu einem Baum, der nicht weit vom Haus entfernt steht. Ich könnte aber auch aus einem anderen Baum dieser Sorte lesen.

Wenn ich zu dem Baum gehe, sind bereits die Zeichen auf dem Weg von Bedeutung. Es ist ein schlechtes Zeichen, wenn zwei Hunde oder zwei Tiere auf dem Baum miteinander kämpfen. Ich nehme ein Blatt und rede zum Baum. Wie ich zum Baum rede, ist das Geheimnis. Das kann ich niemand mitteilen. Die beste Zeit zum Lesen ist morgens, nachts kann ich nicht lesen, ich brauche Sonnenschein. Bei Regen geht es auch nicht. Die Schatten im Baum sind wichtig. Der Baum ist gleichzeitig Medizin. Ich nehme das Blatt in mein Portemonnaie und spreche mit der Person. Sie darf nicht wissen, daß ich das Blatt in meinem Portemonnaie habe. Es kann den anderen heilen. Wenn jemand den Baum fällt, geschieht nichts. Ich kann aus jedem Baum dieser Sorte lesen. Wenn jemand anderes ein Blatt vom Baum nimmt, geschieht auch nichts. Der Baum kann dann nicht heilen. Die Menschen, die zu mir kommen, bezahlen, was sie geben möchten. Ich gehe mit dem Geld in der Hand zum Baum. Wer möchte, daß der Baum besser arbeitet, gibt mehr Geld.«

Während des Gespräches herrschte eine angenehme Stimmung. Wir saßen zuerst auf einer Holzbank im Garten. Natürlich war ich neugierig, den Baum zu sehen. Wir gingen einen kleinen, schmalen Pfad hinter dem Haus den Hang hinunter. Nach etwa 50 Metern blieb die Baumleserin stehen und zeigte mir einen kleinen Baum, der wenig größer war als sie selbst. Ich wollte nicht glauben, daß dies der Baum sein sollte. Ich hatte mir einen großen, Ehrfurcht erweckenden Baum vorgestellt, zu dem man in die Blätter hinaufschauen muß. Ich bat die Baumleserin, mir zu zeigen, wie sie im Baum liest. Sie stellte sich vor den Baum und schaute von oben herab auf die Blätter, ohne den Baum zu berühren. Der Baum verwirrte mich, und ich dachte, vielleicht ist es meiner Gesprächspartnerin, der Baumleserin, zu mühselig, mich zu dem richtigen Baum zu bringen. Nach einiger Zeit war ich dann allerdings überzeugt, daß dies der magische Baum war.

Die Kleinheit des Baumes, im Grunde war es nur der Ableger eines Baumes, irritierte mich. Der Baum war nicht majestätisch und übermächtig, die Baumleserin wirkte im Vergleich zum Baum dominierend. Sie beherrschte die Magie, nicht umgekehrt. Ich dagegen fühlte mich offenbar der Magie unterlegen, sicher ein Produkt meiner kulturellen Identifizierung. Vielleicht führt die nur schwache Ausbildung narzißtischer Strukturen zu einer Reduktion magischer Größenphantasien. Wie alles unterliegt auch der Baum dem Tauschprinzip. Er »arbeitet« nur, wenn er bezahlt wird. Geld spielt bei der Krankenbehandlung eine wesentliche Rolle. Die Blätter des Baumes haben im Portemonnaie Heilkraft.

Eine zweite Baumleserin, eine 56 Jahre alte Frau: »Ich lernte das Baumlesen von meiner Tante. Diese lebt noch, ist aber zu alt, um noch zum Baum gehen zu können. Zwei Jahre lernte ich bei ihr das Baumlesen. Jetzt arbeite ich seit etwa fünf Jahren als Baumleserin. Ich muß keine Rituale einhalten, ich kann einfach so arbeiten. Als Kind hatte ich schon einen Traum vom Baum. Meist sind die Baumleserinnen Frauen, selten beherrscht ein Mann das Baumlesen. Meist kommen Frauen zu mir. Männer wollen etwas über ihren Job wissen oder sie wollen einen besseren Job. Frauen kommen wegen Liebesproblemen. Es kann auch sein, daß jemand kommt, weil er einen Titel haben möchte oder eine bestimmte Arbeit. Wenn jemand eine

Reise machen möchte, schaue ich vorher im Baum nach, ob alles in Ordnung ist, wenn er zurückkommt. Jeder kann zu mir kommen, unabhängig von seiner Klanzugehörigkeit.

Viele Leute kommen auch mit Krankheiten. Jeden Tag kommen etwa fünf Leute, ein oder zwei mindestens. Eine Mutter kam mit ihrem kranken Kind. Im Krankenhaus konnte man nichts machen. Ich schaute in den Baum und las, daß das Kind eine andere Krankheit hat als die vom Doktor genannte. Der Doktor fand die richtige Krankheit nicht.

Der Baum sieht jeden Tag anders aus. Ich brauche Sonnenschein zum Lesen. Bei Regen oder nachts kann ich nicht lesen. Die Antwort des Problems erscheint im Baum. Es gibt einen Weg zu sehen, ob etwas gut ist. Es ist nicht die Bewegung des Baumes. Der Schatten im Baum ist wichtig. Der Baum ist keine Medizin, aber ich habe eine Partnerin, die Medizin gibt, wenn es notwendig ist. Ich kann nur Wahrsagen, nicht die Zukunft beeinflussen.

Es ist eine bestimmte Baumsorte, aus der ich lesen kann. Es geschieht nichts, wenn jemand den Baum fällt. Es ist kein Geist im Baum oder so etwas. Ich kann jederzeit aus einem anderen Baum der gleichen Sorte lesen. Ich lese aus vielen Bäumen dieser Art. Innerhalb einer Woche soll ich einen Baum nicht zweimal benutzen. Der Baum wird sonst schwach. Ich habe viele Ableger im Garten gepflanzt, damit ich nicht so weit gehen muß. Ich bin nun auch schon etwas alt.

Die Menschen, die zu mir kommen, geben, was sie geben wollen. Ich gehe mit dem Geld zum Baum. Solange ich Geld in der Hand habe, gibt der Baum gute Antworten.«

Wir saßen gemütlich auf der Veranda des Hauses, und ich dachte, welche Zuversicht diese Frau ausstrahlt, wenn Menschen mit Problemen zu ihr kommen, als das Telefon klingelte. Ich konnte nicht verstehen, was die Baumleserin am Telefon sagte. Sie kam heraus und ging zu einem ihrer Bäume. Sie beugte sich über den Baum, die Hände auf dem Rücken, und schaute ihn von oben herab eine Zeitlang an. Eine Frau hatte angerufen, weil sie bei der Arbeit krank geworden war. Sie war gerade beim Arzt im Krankenhaus, der ihr Blut abnahm. Sie rief an, um zu erfahren, was sie krank mache, denn es gehe ihr immer noch schlecht.

Die Baumleserin: »Ich sah im Baum, daß Magie die Ursache ist. Jemand möchte sie aus dem Job entfernen. Ich sagte, sie solle kommen, und ich würde sie zu meiner Partnerin bringen, die ihr etwas gegen die Magie geben könne. Meine Partnerin kann ihr helfen, mit Magie einen guten Job zu finden. Meine Partnerin kann auch die Zukunft beeinflussen, ich lese nur die Ursachen.«

Bei diesen Worten war ich sehr erschrocken. Sofort fühlte ich mich unwohl und erklärte, bald gehen zu müssen. Auf der einen Seite gibt die Baumleserin offenbar eine Lebenshilfe, indem sie Hoffnungen stärkt, auf der anderen Seite spürt sie aber auch aggressive Konflikte, wie bei der Frau am Telefon, und hält Magie für deren Ursache. Die Mittel der Magierin mögen für die Frau dann ein Schutz gegen eigene Angst und Aggression sein, und insofern dienen sie der psychischen Konfliktbewältigung und können heilend wirken, falls bei einer Krankheit psychische Bedingungen mitverursachend sind.

Neben der Zukunftsvorhersage und dem Erkennen von Magie haben die Baumleserinnen auch die Aufgabe, Beleidigungen von Göttern zu erkennen. Eine Gesprächspartnerin erzählte mir von ihrem Besuch bei einem etwa 65jährigen Baumleser: »Ich war sehr krank, ich hatte einen Hautausschlag am Hals und im Gesicht. Das ganze Gesicht war geschwollen, und ich hatte furchtbare Pickel. Im Krankenhaus wußte man nicht, was es war, nichts half. So ging ich zum Baumleser. Dieser las die Ursache im Baum. Als er sie mir mitteilte, war ich sehr überrascht. Mein älterer Bruder zerbrach vor einiger Zeit ein wertvolles palauisches Geldstück, das er seiner Frau geschenkt hatte. Sie trug es um den Hals. Mein Bruder und seine Frau hatten Streit, er riß ihr das Geldstück vom Hals und warf es gegen die Wand, wo es zerbrach. Die Älteren meines Klans waren sehr erzürnt darüber. Der Baumleser gab mir Kräuter, ich machte damit Umschläge, und der Ausschlag war weg.«

Ein unbewußter Konflikt – die Ehefrau trug das Geldstück am Hals, die Gesprächspartnerin hatte Ausschlag am Hals und im Gesicht – ist hier offenbar bewußt gemacht worden. Da palauisches Geld als heilig gilt, fürchtete die Gesprächspartnerin die Rache der Götter. Der gesamte Klan, nicht der Bruder allein, ist verantwortlich für diese Tat. Die Aggression des Bruders gegen die Ehefrau mag auch einen Wunsch meiner Gesprächspartnerin zum Ausdruck gebracht haben, für den sie sich nun selbst psychosomatisch (durch ihr Über-Ich = Götter) bestrafte.

Die Baumleserinnen haben in Fällen von Beleidigungen der Götter die Aufgabe, zu erkennen, welche Götter der verschiedenen Klane im einzelnen beleidigt wurden. Dann erst können die Klanmitglieder zum Oberhaupt oder Medium dieses Klans gehen und die Angelegenheit durch Geldzahlung bereinigen. Bei der genannten Gesprächspartnerin wurde der eigene Klan-Gott beleidigt.

Die Baumleserinnen haben wichtige psychotherapeutische Funktionen, sofern man davon ausgeht, daß Wahrsagen (Zukunftsängste, Selbstkonflikt), magische Interpretationen (Aggressionskonflikt) oder die Beleidigung der Götter (Über-Ich-Konflikt) Antworten auf innere Konflikte der Fragesteller darstellen. Zu Frauen gehen die Menschen mit ihren Problemen, denn sie werden als fähig angesehen, bei inneren Nöten zu helfen. Allerdings nehmen hauptsächlich Frauen diese Hilfe in Anspruch.

4. Das Medium von Ngchesar

»In jedem Distrikt gibt es ein Gottes-Medium und Baumleserinnen. Das Medium ist ein Schiff, in das der Gott hineinfährt, um direkt mit den Menschen zu sprechen. Die Baumleserinnen sind Interpreten der Natur; sie haben nichts mit den Göttern zu tun. Es ist ihr Geheimnis, wie sie in den Bäumen lesen. Das Gottes-Medium hat einen höheren Rang als die Baumleserinnen« (eine hohe Titelhalterin).

Das Medium von Ngchesar ist eine 88jährige Frau. Sie ist eine hohe Titelhalterin und erklärte: »Mein Titel heißt ›kerdelel a rubak‹. ›Kerdelel‹ ist die Bezeichnung für einen Rastplatz der Reisenden oder Krieger; das Wort bedeutet auch ›Ankerplatz eines Bootes‹. ›Rubak‹ ist ein Titelhalter, denn ein Gott wird auch Titelhalter genannt.

Der Gott unseres Distriktes wird durch den am Rücken schwarzweiß gefleckten Stachelrochen repräsentiert. Unser Gott ist nur gefährlich, wenn der Stachelrochen oder seine Repräsentation auf dem Land, ein spezieller Vogel, getötet wird. Beide Tiere sind für uns tabu. Der Stachelrochen ist sein Symbol und gleichzeitig sein Boot. Der Vogel ist ebenfalls sein Symbol, er verfügt über die Macht des Transportes in der Luft. Unser Gott ist ein Krieger; er hat keine Frau. Er wohnt in einem Haus auf dem höchsten Berg. Er beschützt und unterstützt uns. Wenn jemand im Wald verlorengeht, kommt er als Vogel oder als Licht und bringt die Person heim. Wenn die Männer nachts fischen, kommt er und zeigt den Weg. Magier verwenden das Böse, nicht den Gott, denn er ist unser Beschützer. Es gibt böse Geister, die herumfliegen und die in der Magie gerufen werden.

Die Baumleserinnen haben die Aufgabe, zu erkennen, welcher Gott die Ursache einer Krankheit ist. Wenn es unser Gott ist, schicken sie die Patienten zu mir. Die Baumleserinnen haben nichts mit den Göttern zu tun, sie lesen die Natur. Wenn sich die Natur in einer bestimmten Weise verhält, bedeutet das, daß wir uns in einer bestimmten Weise verhalten. Die Natur steht mit den Menschen in einer unmittelbaren Beziehung. Wie sich ein Blatt biegt, kann als Auskunft über einen Menschen gedeutet werden.

Baumleserinnen sind Wahrsagerinnen, denn sie sagen die Zukunft voraus. Ich bin ein Medium, durch das der Gott spricht, wenn er den Menschen eine Lektion erteilen möchte. Der Gott fühlt sich kalt an, wenn er durch mich hindurchfährt. Ich erinnere mich, wenn der Gott durch mich gesprochen hat, anschließend nicht mehr an das, was ich gesagt habe. Ich erzähle alles, was er sagt, beispielsweise warum der Klan, der mit einer Frage gekommen ist, schuldig ist. Wenn der Gott durch mich niederkommt, spricht er über die ganze Vergangenheit der fragenden Person, bis zu den Ahnen. Er erzählt alles, was geschehen ist. Der Gott redet durch mich, denn ich kenne die Person nicht. Er ruft die Person und sagt: ›Tu das nicht mehr‹. Der Klan, der mit einer Frage kommt, muß normalerweise nichts bezahlen. Nur wenn die Tat schwerwiegend war, muß er palauisches Geld geben, um die Macht unseres Gottes wiederherzustellen. Der Gott selbst sagt durch mich, wieviel Geld der Klan zahlen muß. Ich habe ein besonderes Portemonnaie für diese Fälle. Ich bewahre sein Geld auf.

Es ist mein Klan, durch den der Gott niederkommt. Frauen meines Klans baden Menschen, wenn sie etwas falsch gemacht haben, zum Beispiel nach einem Tabubruch. Aus diesem Grunde ist mein Klan der auserwählte Klan unseres Gottes. Der Gott selbst hat mich ausgesucht, deshalb kann ich meine Fähigkeit nicht weitergeben. Irgendwann wird der Gott wieder eine andere Frau meines Klans als Medium auswählen. Manchmal kommt er auch bei Männern nieder, meist wählt er aber ältere Frauen. Ich bin seit dem Zweiten Weltkrieg das Medium unseres Gottes. Als meine Vorgängerin zu alt wurde, wählte er mich aus.

Melekeok, der Nachbardistrikt, hat seinen eigenen Gott und sein eigenes Medium. Der Gott wird dort repräsentiert durch die Seeschlange und die Frischwasserschlange. Die Götter sind territorial, sie respektieren die anderen Götter.

Es gibt ein Gebiet im Dorf, in das eine schwangere Frau nicht gehen darf. Dieses Gebiet ist für Schwangere tabu, vor allem für Schwangere während der Zeit bis zum 6. Monat der Schwangerschaft, wenn der Embryo sich entwickelt. Unser Dorf ist in zwei

Das Medium von Ngchesar

Hälften geteilt. Die Tabuzone ist in der anderen Hälfte. Geister leben dort, und Geister verletzen nur schwangere Frauen. Besonders gefährlich ist der Meeresgeist (›Edeat‹), der sich im Wasser in eine Qualle verwandelt. Deshalb haben die Kinder der Frauen, die das Tabu gebrochen haben, einen Kopf wie eine Qualle; der Kopf ist ganz weich, und die Arme sind schwach. Im Mangrovensumpf des Tabugebietes gibt es einen Stein, auf dem er seine Kinder zur Welt bringt, deshalb hat er eine besondere Beziehung zu schwangeren Frauen. Zu bestimmten Zeiten im Jahr tauchen dort viele Quallen-Kinder auf. Ich weiß nicht, ob der Geist ein Mann oder eine Frau ist; wahrscheinlich ist es ein Frauengeist, weil er Kinder zur Welt bringt. Es gibt keine anderen Tabuzonen im Dorf.

Die körperliche Beeinträchtigung[123] eines Kindes kann zwei Gründe haben. Entweder ging die Mutter während der Schwangerschaft in die Tabuzone oder ein Verwandter bzw. sie selbst tötete einen Stachelrochen. Ich kannte drei Kinder, die körperlich beeinträchtigt waren, weil ihre Mütter während der Schwangerschaft in die Tabuzone gingen. Alle drei Kinder sind gestorben. Wenn eine Frau ein körperlich beeinträchtigtes Kind bekommt, weil sie ein Tabu gebrochen hat, gehe ich hin und rede mit ihr, tadele sie aber nicht. Sie benötigt auch kein Baderitual. Normalerweise muß sich jemand, der ein Tabu gebrochen hat, einem rituellen Bad unterziehen. Nur die Frauen zweier Klane aus dem Ort können diese Bäder durchführen. Nach einem rituellen Bad besteht keine Gefahr mehr für die Person, die ein Tabu gebrochen hat.

Ein Gott erzeugt Krankheiten, um darauf aufmerksam zu machen, daß er beleidigt oder sein Totemtier getötet wurde. Wenn die Angelegenheit beigelegt wurde und er vergeben hat, verschwindet die Krankheit. Ich erinnere mich an ein blindes, körperlich schwer beeinträchtigtes Kind. Der ganze Klan kam und fragte nach der Ursache. Der Gott kam aber nicht nieder, deshalb war die Beeinträchtigung des Kindes nicht von unserem Gott hervorgerufen. Sie hatte eine organische Ursache.«

Im Falle von Krankheiten und körperlichen Beeinträchtigungen muß überprüft werden, ob ein Verschulden eines Klanmitgliedes, das bereits verstorben sein kann, vorliegt. Es gibt zwar ein Konzept der individuellen Schuld – der Bruder etwa, der das palauische Geldstück zerbrach – , aber die Verantwortung trägt immer der gesamte Klan. Der Klan muß bei schwerwiegenden Vergehen durch einen Geldbetrag die Angelegenheit bereinigen. Im Falle eines Tabubruchs geht das Gottes-Medium zu der entsprechenden Person, redet mit ihr, tadelt sie aber nicht. Die Schuld wird durch ein reinigendes Bad abgewaschen und bleibt somit äußerlich. Ein Gesprächspartner erläutert: »Der Vater eines kranken oder beeinträchtigten Kindes kann vor langer Zeit jemand getötet haben. Der Gott des Klans des Getöteten wurde durch diese Tat beleidigt. Er muß wieder zufriedengestellt werden. Der Klan des Vaters sammelt Geld und gibt es dem Oberhaupt des Klans des Getöteten. Die Ursache einer Krankheit kann auch in einem Vergehen eines Mitglieds des Klans der Mutter liegen. Kranke oder körperlich beeinträchtigte Menschen werden im Klan versorgt, Nachbarn oder Nicht-Verwandte dürfen durch sie nicht belästigt werden. Sie bleiben in der Obhut des Klans.«

Das soziale Leben fordert ein hohes Maß an Anpassung an die Gemeinschaft. Die Gemeinschaft schützt den einzelnen und trägt gemeinsam Verantwortung. Eine individuelle Strafe gibt es nicht, von daher gibt es auch keine Gefängnis- oder Körperstrafe. Der einzelne ist immer mit einer Teil-Gruppe identifiziert, so daß die Anpassung durch die Gruppenkontrolle erfolgt. Die Klubs und die Versammlungen haben ihre eigenen Gerichtsbarkeiten. Konflikte zwischen den Mitgliedern zweier Klane werden über die Götter geregelt. Die Götter sind gütig, man kann mit ihnen sprechen, und sie vergeben, wenn der Klan durch Geld Wiedergutmachung leistet. Auch ein Tabubruch wird nicht durch Strafen oder soziale Ausgrenzung geahndet. Krankheiten können organisch bedingt sein, aber auch durch ein moralisches Vergehen. Jede Krankheit führt so zu einem Ausgleich von Schuld. Für Kranke sorgt der ganze Klan, alle sind verantwortlich. Von Nicht-Verwandten darf keine Hilfe angenommen werden. Das Gottes-Medium wird über die Inkorporation des Gottes zum personalisierten Über-Ich. Sie löste in mir Gefühle des Respektes und der Zuneigung aus, aber keine Furcht.

V. Schluß:
Palau aus ethnopsychoanalytischer Sicht

Wie aus Freunden Feinde wurden

»Die Götter Medechiibelau aus Airai und Itungelbai aus Aimeliik waren gute Freunde. Eines Tages besuchte Medechiibelau Itungelbai, der seinen großen Schwarm von Milchfischen (›meas‹) hütete, und fragte seinen Freund, ob er dessen Fische nur so zum Spaß um die Insel Babaldaob herum spazierenführen könne. Itungelbai erlaubte es ihm unter der Bedingung, ihm die Fische sofort zurückzubringen. Medechiibelau trieb die Fische in Richtung seiner Heimat Airai. Der Betrug seines Freundes erzürnte Itungelbai, und er warf Meeresmuscheln hinter Medechiibelau her, aber der hatte Airai bereits erreicht.

Seit dieser Zeit erscheint der Milchfisch etwa dreimal im Jahr in großer Zahl vor Airai, und die Menschen dort feiern dieses Ereignis mit einem großen Fest und laden dazu die Nachbardörfer ein. Aimeliik dagegen hat einen Überfluß an Meeresmuscheln.«[124]

Die Kultur von Palau gewährt interessante Einblicke in die Persönlichkeitsentwicklung, in Konflikte und deren Lösungen unter den speziellen Bedingungen des Mutterrechts und des Klanwesens.

Kindheit

Die Kindheit ist geprägt von oraler Verwöhnung durch die stillende Mutter. Traditionell wurde die Mutter sogar zehn Monate lang nach der Geburt von aller Arbeit freigestellt und mit Essen versorgt. Die frühe Kindheit bietet Triebfreiheit auch in analer und infantil-genitaler Hinsicht. Kleine Kinder laufen nackt herum und können auch zusammen baden.

Zu einem oft abrupten Wechsel von der Mutter zu einem Mutterersatz kommt es bei Ankunft neuer Geschwister. Auch kann die Mutter-Kind-Beziehung durch Adoption beendet werden. Konflikte zwischen oraler Triebbefriedigung und Verlustangst können die Folge sein. So läßt die eingangs geschilderte Geschichte den oralen Neid auf die Milch(fische) des Freundes (Bruders) erkennen. Oraler Neid und Aggression tauchen in projizierter Form, als Angst vor Menschenfressern, in vielen Mythen auf. Angst vor oraler Aggression ist Bestandteil vieler Sozialisationspraktiken, zum Beispiel der, Kinder nicht zu küssen, sondern über Geruch an sich zu binden. Kinder sollen zuhören, aber nicht sprechen. Nach der Geburt wurde gegen den Zungenrücken gedrückt, damit das Kind beim Aufwachsen nicht zu viel redet.

Orale Fixierung und Verlustangst und das Fehlen analer Konflikte und Autonomiewünsche führen zu einer Anpassung an die Kultur auf der Grundlage der Identifizierung. Spiegelung (»Glanz im Auge der Mutter«) und narzißtische Strebungen des Kindes werden unterdrückt. Die Mutter soll sich vor allem um die Triebbefriedigung des Kindes kümmern. Die Praxis der Adoption innerhalb des Klans deutet an, daß die Mutter ihr Kind nicht als einzigartig behandeln soll. Die Bindung an die Gemeinschaft hat Vorrang.

Für den Knaben bietet die Gemeinschaft eine allmähliche Loslösung von der frühen Beziehung zur Mutter. Traditionell wurde der Knabe nach etwa sechs Lebensjahren allmählich in das Klubleben eingeführt. Der Klub bot die Möglichkeit der Identifizierung mit der eigenen Geschlechtsgruppe. Ödipale Rivalität und die Identifizierung mit einem mächtigen Vater spielen im Unbewußten, wenn überhaupt, auch heute noch nur eine geringe Rolle. Die Gruppe übernimmt die Funktion von Brüdern, mit denen sich der Knabe identifiziert und oralen Neid bewältigen lernt. Während der Pubertät wird der Knabe von Frauen behutsam in die Sexualität eingeführt. Traditionelles Schwärzen der Zähne (als verschobene Sexualabwehr) und Tätowieren galten für beide Geschlechter.

Die frühe Bindung des Mädchens zur Mutter bleibt bis zur Pubertät bestehen. Sie kann aber auch auf andere Frauen des Hauses oder auf Frauen des Haushaltes, welcher das Mädchen adoptiert, übertragen werden. Die weibliche Identifizierung entwickelt sich ebenfalls durch das ausschließliche Leben in der eigenen Geschlechtsgruppe. Die wenig ausgeprägte ödipale Rivalität mit der Mutter führt zu einer identifikatorischen, libidinösen Bindung, die sich im Pubertätsritus der Defloration äußert. Das Mädchen wird von der Mutter in die Geheimnisse der Sexualität eingeweiht. Indem das Mädchen von der Mutter zum Tausch Sexualität gegen Geld geschickt wurde, sicherte sie die Anpassung des Mädchens an die soziale Gemeinschaft. Individuelle, genitale Liebe ist eine Gefahr für die Kultur. Das Mädchen muß den Reichtum des Klans und des Distriktes sowie Herrschaft in Form der Rangordnung sichern.

Kultur und Konflikt

Grundlage der Gemeinschaft ist der Tausch von Essen gegen Geld. Das Gleichgewicht zwischen Geben und Nehmen soll den Wunsch, dem anderen etwas zu nehmen, und die Angst, nicht genug zu bekommen, abwehren. Der Tausch stützt das Ich bei der Abwehr oraler Gier. Geld steuert den psychischen Prozeß, der dazu führen soll, nicht zu nehmen, sondern zu geben. Da die Götter großzügigen Männern Geld gegeben haben, darf es als Über-Ich-Belohnung gedeutet werden.

Parin[125] spricht vom Abwehrmechanismus der Materialisation, der bei beiden Tauschpartnern orale Gier abwehren soll. Das Bedürfnis, etwas zu bekommen, wird vom Bedürfnis abgelöst, zu verteilen. Grundlage ist der identifikatorische Umgang mit dem anderen. Solange man sich mit dem anderen identifiziert, geht nichts verloren. Der Begriff Materialisation beleuchtet mir zuwenig die Triebdynamik, die hinter diesem Konflikt steht. Der Begriff orale Reaktionsbildung scheint mir das Phänomen genauer zu treffen, wobei Reaktionsbildung in der Theorie der Psychoanalyse bisher für Abwehrprozesse auf den Grundlagen analer Konflikte verwendet wurde. Diese spielen in der Kultur Palaus keine Rolle.

Das Vorherrschen inniger Identifizierungen mit anderen Personen als Ersatz für sekundären Narzißmus bezeichnet Parin als Ausdruck eines Gruppen-Ich. Das Ich gewährleistet eine Ausgeglichenheit der Stimmung, geringe Autonomie und die Abhängigkeit von Beziehungen zu Mitmenschen. Aggression darf nicht nach außen gerichtet werden.

Die entsprechende Über-Ich-Bildung bezeichnet Parin als »Clangewissen«. Die Forderungen sind konkreter und liegen mehr außerhalb der Person. Das Über-Ich ist weniger sadistisch, viele Leistungen bleiben der Gruppe überlassen. Verbote gestatten Übertretungen. Anstelle eines inneren Wächters bleibt das Über-Ich von äußeren Personen abhängig. Das »Clangewissen« bezieht seine Macht aus dem Bedürfnis des Eins-seins mit der Gruppe.

In Palau wird die Entwicklung eines Gruppen-Ich und »Clangewissens« durch das Prinzip der Dualität gefestigt. Dieses System geht dem Mythos von Meluadeangel zufolge auf zwei Brüder zurück, die einen Menschenfresser (orale Gier) überwanden. Erst durch die Geschwisterbeziehung überwindet der einzelne diese orale Gier und bewerkstelligt die Ablösung von der Mutter. Er kann sich über die Geschwisterbeziehung der kulturellen Gemeinschaft zuwenden (die Bewohner dürfen zurückkommen). Das Dualitätsprinzip sorgt für eine Machtbalance, bei der das Verhältnis zweier Teile ausgewogen ist. Wir haben keine Spaltung in Gut und Böse, die Aggression abwehrt, sondern Abwehr von Angst, der andere (Bruder) könnte mehr haben, bzw. des Wunsches, dem anderen (Bruder) etwas wegzunehmen. Die jeweils andere Seite repräsentiert die Forderungen zu geben. Die zwei Seiten repräsentieren immer Gruppen, nicht Individuen. Jedes Individuum ist Teil einer Seite mit einem Gegenüber (die eine Seite des Himmels oder des Mangrovenkanals, das eine und das andere Bein). Aggression wird kontrolliert, indem beide Seiten getrennt gehalten werden und in eine Tauschbeziehung treten. Da jeglicher Narzißmus (Eigenliebe) dem Gemeinschaftsprinzip der Kultur zuwiderläuft, dürfen auch selbst hergestellte Produkte, das Kanu oder Haus, nicht für den eigenen Bedarf bestimmt sein. Sie sollen gegen Geld eingetauscht werden, mit dem dann Kanu oder Haus gekauft werden können. Stolz auf das eigene Produkt ist verpönt. Das Tauschprinzip soll die Entwicklung narzißtischer Gefühle unterdrücken.

Die Identität wird über die Verdopplung, d.h. den Aufbau eines Gegenübers, gebildet. Die Verdopplung ist quasi ein Gegenpol zum Narzißmus. Das Kind darf nicht einzigartig sein, denn das wäre für die Kultur zu gefährlich. Verdopplung und Balance, zwischen Geschwistern und zwischen Geschlechtern, dienen als Stütze für die Identität. Fehlt ödipale Rivalität, muß im Gegensatz zum Aufbau des Über-Ichs, das auf der Verinnerlichung der Eltern-Macht beruht, das Über-Ich, das aus der Geschwisterbeziehung resultiert, sich ein Gegenüber aufbauen, das dem Ich gleicht, aber unterschieden ist von ihm. Das Über-Ich strebt nach Machtbalance, da es auf der Grundlage brüderlicher Teilung aufgebaut ist. Die Dualität fördert Triebaufschub im Sinne einer Ich-Leistung, denn der jeweils anderen Seite muß gegeben werden.

Bei gemeinsamen Aufgaben übernimmt jede Seite aber einen eigenen Teil. Es geht nicht um narzißtische Spiegelung im Doppelgänger, sondern um Unterdrückung des Narzißmus und Triebkontrolle durch Übernahme von Ich- und Über-Ich-Funktionen durch die andere Seite. Bei Verstößen gegen die Regeln der sozialen Gemeinschaft übernimmt eine Seite die Anklage, die andere die Verteidigung. Das Über-Ich bleibt äußerlich. Ein individuelles Ich-Ideal, in dem frühe narzißtische Strebungen aufgehoben wären, bildet sich nicht heraus. Wie jemand zu sein hat, ist durch Hierarchie und strenge soziale Regeln der Gruppe (Klan, Klub) genau vorgegeben.

Die Götter sind äußere Repräsentanten des Über-Ichs. Das Über-Ich basiert auf der Belohnung für erwünschtes Verhalten, und nach Fehlverhalten bietet es Gelegenheit zur Wiedergutmachung durch Geldzahlung. Es ist nicht am Talionsprinzip orientiert. Wie in der Kindererziehung keine Gewalt ausgeübt wird, fehlten im traditionellen Palau auch Körper- oder Gefängnisstrafe.

Der Klangott und die Klangöttin sichern die Einhaltung des Inzesttabus durch Verschiebung sexueller Impulse auf das Essen eines bestimmten Tieres: Das Essenstabu steht für das Inzesttabu. Da als strengstes Tabu das Essen des Totemtieres gilt, hemmt der Totemismus auch die stärkste Bedrohung der kulturellen Gemeinschaft: die orale Gier.

Frauen und Macht

Frauen besitzen aufgrund der Vergabe von Titeln und der Ausübung religiöser Riten entscheidende Machtpositionen. In diesem Sinne kann man von einer mutterrechtlichen Kultur sprechen. Die Angst vor der Macht der Frauen wird durch die starre Geschlechtertrennung abgewehrt, die sich in komplementären Männer- und

Frauentiteln niederschlägt. Das Verhältnis der Geschlechter ist nicht durch Unterdrückung des einen durch den anderen Teil geprägt, sondern durch Machtbalance zwischen den Geschlechtern. Die Mutter und die Schwestern als Vertreterinnen des matrilinearen Klans haben dominierende Positionen inne. Die Macht der Frauen beruht auf der Mutterschaft und dem Gelderwerb durch Sexualität und Ehe. Eine Kultur, in der die Macht der Frauen auf der Gemeinschaft des Klans beruht, darf individuelles sexuelles und narzißtisches Begehren nicht zulassen. Tulei konnte nur für kurze Zeit die Schönheit des Gesichtes seiner Geliebten anschauen.

Mutterschaft führt in jeder Entwicklung zu einer frühen weiblichen Identifizierung, was beim Knaben zum Problem des Identifikationswechsels führt. Im Gegensatz zum Mädchen, das die frühe Identifizierung mit der Mutter beibehalten kann, benötigt der Knabe männliche Identifikationsobjekte, wie Chodorow[126] in Auseinandersetzung mit Freuds Theorie zur Weiblichkeit beschreibt. Nicht der Objektwechsel des Mädchens, sondern der Identifikationswechsel des Knaben bereite in der frühen Entwicklung Probleme. Um männlich zu werden, muß er die Identifizierung mit der Mutter abwehren, was nach Chodorow eine Grundlage für die Abwehr von Gefühlen überhaupt legen könne. Die Abwertung von Weiblichkeit kann ein Produkt dieses Abwehrprozesses sein.

Die Kultur Palaus zeigt, daß unter der Voraussetzung der realen Frauenmacht der Knabe seine archaische weibliche Identifizierung nicht abwehren muß; sie wird durch männliche Identifizierung erweitert. Für die Entwicklung des Knaben scheint der Männerklub eine sehr günstige Sozialisationsbedingung darzustellen. Die Identifizierung mit der gleichgeschlechtlichen Gruppe hängt aber ab von der äußeren Dualität der Geschlechtertrennung. Männer haben auch mütterliche, weibliche Züge. Ich fühlte mich in den Gesprächen mit Männern sehr wohl, hatte manchmal das Gefühl, »wie von Frau zu Frau zu reden«.

Als Brüder gehören Männer dem matrilinearen Klan an und stellen mit ihren Schwestern die Ehefrauenseite dar (weibliche Identifizierung). Die strenge Unterteilung des ganzen Lebens in Frauen- und Männerseiten, bis hin zum Frauen- und Männergeld, stärkt die Identifizierung mit dem eigenen Geschlecht. In Krisen sucht der Knabe jedoch die Identifizierung mit der Mutter. Möglicherweise stellt die Kopfjagd einen Durchbruch des Gebärneides[127] in aggressiver Form dar. Anstelle von Beschneidung und Unterwerfung unter den Vater kam es zur weiblichen Identifizierung (durch Einreiben mit Gelbwurz) und Darbringen eines Kindes (Kopfes) als Geschenk an den Vater (Kriegsgott). Der Phallus bringt keine Macht, aber das Kind bringt Geld und Ansehen. In männlichen Krisen oder Übergangsphasen (Erkrankung des Titelhalters, Einweihung eines Männerhauses) wird das Selbst nicht durch phallische Potenz gestärkt, sondern durch Identifizierung mit der Urmutter. Ödipale Rivalität mit Kastrationsängsten und phallischem Potenzgehabe spielt im Unbewußten der Männer offensichtlich keine Rolle.

Innerhalb der Geschlechtsgruppe besteht eine strenge Altersteilung, die von Respekt vor den Älteren geprägt ist. Durch einen Titel wird der Mann erwachsen (vorher ist der Mann ein nackter Junge); er sollte seine orale Gier überwunden haben. Respekt vor Titelhaltern äußert sich in Hemmung oraler Aggression: Man darf nicht laut sprechen und nicht essen, bevor der höchste Titelhalter zu essen beginnt. Die höchsten Titelhalter müssen zuerst Kopf und Schwanz eines Fisches oder eines Schweins erhalten. In der Männerversammlung wird geflüstert und nur über Boten kommuniziert. Aggression innerhalb der Männergruppe wird durch äußere Rituale gehemmt.

Die weibliche Identifizierung mit der Mutter erfährt erst mit Eintritt in die Pubertät eine jähe Veränderung. Dann wird das Mädchen von der Mutter oder Tante defloriert. Analog zum Pubertätsritus des Knaben in patriarchalischen Gesellschaften sichert die Zurichtung der Sexualität Macht und Herrschaft der älteren Frauen über die jüngeren. Die Unterdrückung von Liebe und individueller sexueller Begierde durch die Mutter (sie schickte das Mädchen zu den älteren Titelhaltern) führt zur Unterwerfung des Mädchens unter die Mutter. Genitale Liebe und individuelle Motive würden die Kultur zerstören. So muß das Mädchen seine Sexualität dem Tauschprinzip unterwerfen. Auf individuellen Ehebruch der Frau stand für den Liebhaber der Frau die Todesstrafe, von der er sich aber freikaufen konnte.

Die Sexualität der Frau löst Angst aus, denn die Vagina gilt als unersättlich und ist nur durch den omnipotenten Phallus zu befriedigen; sie muß durch die Drohung, zu versteinern, gebannt werden. Mutterschaft wird idealisiert, nicht Sexualität. Im öffentlichen Auftritt während der Zeremonie des ersten Kindes wird die junge Mutter wie eine Göttin verehrt. Das Einreiben mit Gelbwurz soll die Identifizierung mit der Urmutter festigen. Auch dabei wird die narzißtische Gratifikation vorenthalten, die Gebärfähigkeit mit Geld belohnt.

Neben der Verehrung der Mutterschaft äußert sich auch Aggression den jungen Müttern gegenüber; sie bleibt aber weitgehend unbewußt. Die aggressiven Impulse kommen zum Ausdruck in der Geschichte vom Spinnengott, der die Menschen eine natürliche Geburt lehrte und so verhinderte, daß den Frauen bei der Geburt die Bäuche aufgeschnitten werden und sie daran sterben müssen. Sie erscheint ferner in den heißen Bädern und im Dampfbad während der Zeremonie des ersten Kindes. Das Genital der jungen Mutter wird durch das Essen des Taros symbolisch vernichtet. Die rituellen Handlungen innerhalb der Frauengruppe wehren nicht nur orale Aggression, sondern auch Neid auf die Gebärfähigkeit ab. Auch hier wird Aggression durch äußere Rituale kontrolliert.

Orale Gier, Sexualität und Narzißmus sind eine Gefahr für die Kultur, deren oberstes Prinzip die Gemeinschaftsbindung ist. Dualität und Tauschprinzip sind ein kulturelles Angebot, diese Impulse durch eine Form interpersonaler Abwehr zu kontrollieren.

Durch die intensive Bindung des Mädchens an die Mutter – es hat nicht die Möglichkeit, zwischen männlicher und weiblicher Identifizierung zu pendeln – verinnerlicht es die Forderungen der Gemeinschaft weit stärker als der Knabe. Wie in der patriarchalischen Gesellschaft ist es für das Mädchen riskanter, Aggression zu äußern, denn es ist fast ausschließlich mit der weiblichen Seite identifiziert. Es ist damit von der Mutter abhängiger als der Knabe, der zusätzlich die männliche Geschlechtsgruppe als Sicherheit hat. So hat die mutterrechtliche Kultur eine besondere Sicherheit für die männliche Entwicklung bereitgestellt, eine fast größere Sicherheit, als sie die patriarchalische Gesellschaft bietet, in der Väter oft nicht vorhanden oder »schwach« sind. Der Identifikationswechsel des Knaben ist Risiko, aber auch Chance zugleich. Besteht für ihn ein dauerhaftes Identifikationsobjekt, bietet das Pendeln zwischen männlicher und weiblicher Identifizierung die Möglichkeit, sich den Forderungen der Mütter leichter zu widersetzen. Schwere Formen von Gewalt, die oft Ausdruck der Suche nach einem Vater und der Enttäuschung über dessen Fehlen bzw. im Sinne der Identifikation mit dem Aggressor Ausdruck von Identifizierung mit aggressiven, gewalttätigen Vätern sind, gibt es in Palau nicht.[128] Die Identifizierung mit der Frauengruppe und nicht nur mit der Mutter bietet allerdings auch den Frauen erheblichen Spielraum für Aggressionen. Es darf nicht übersehen werden, daß sich die Frauen trotz aller Forderungen der Gemeinschaft erhebliche Freiheiten vorbehielten. Sie hatten ihre Liebhaber, und sie haben sich keineswegs immer den Forderungen der Gemeinschaft unterworfen. Die von mir interviewte ältere Titelhalterin hatte sich bei der Wahl ihrer sechs Ehemänner nur in einem Fall an den Wünschen der Eltern orientiert. Ich habe in dieser Kultur immer wieder bewundert, mit welcher Selbstverständlichkeit Frauen die gleichen Rechte haben wie Männer, mit welchem Respekt Frauen behandelt werden.

Die Kultur Palaus bietet ein eindrucksvolles Beispiel für die Vorzüge einer mutterrechtlichen Kultur. Die Gemeinschaft bietet Schutz, Geborgenheit und eine stabile Identifizierung mit der eigenen Geschlechtsgruppe. Aggression innerhalb der eigenen Geschlechtsgruppe wird erfolgreich durch rituelle Handlungen kontrolliert. Ältere Menschen, Frauen wie Männer, erfahren uneingeschränkten Respekt, sie werden als Abkömmlinge der Götter betrachtet. Verantwortlich für ein Vergehen gegen die Gemeinschaft ist nicht der einzelne, sondern immer seine Gruppe. Der einzelne ist entlastet, Strafe ist nicht bedrohlich, sondern beruht auf der Gelegenheit zur Wiedergutmachung. Die Kultur ist geprägt von einem hohen moralischen Niveau.

Das Streben nach Machtbalance ist die Grundlage der Kultur; das Dualitätsprinzip kontrolliert Aggression, die diese Machtbalance gefährdet. Auch das Verhältnis der Geschlechter ist vom Streben nach gegenseitigem Respekt und Ehrfurcht geprägt. Ich habe noch keine Kultur erlebt, der es gelungen ist, den Umgang der Geschlechter miteinander derart respektvoll und gewaltfrei zu gestalten. Nicht nur für die weibliche, sondern gerade auch für die männliche Entwicklung bietet das Mutterrecht reichhaltige Entfaltungsmöglichkeiten. Die Identifizierung mit einer nicht nur im Erleben des Kindes machtvollen Mutter, von der sich das Kind mit Hilfe der Geschlechtsgruppe lösen kann, ist für die psychische Entwicklung beider Geschlechter günstig. Die kulturelle Wertschätzung und reale Macht der Frauen ermöglichen Respekt. Dieser Respekt beruht nicht auf einer Idealisierung, die Abwehr von Angst und Abwertung bedeuten würde.

Literaturverzeichnis

Ashby, Gene (Hg.) (1989): Micronesian Customs And Beliefs, Kolonia, Pohnpei
- (1989): Never and Always. Micronesian Legends, Fables and Folklore, Kolonia, Pohnpei

Barnett, H. G. (1960): Being a Palauan, Stanford, California
- (1949): Palauan Society. A Study of Contemporary Native Life in the Palau Islands, Eugene, Oregon

Bendure, Glenda und Friary, Ned (1988): Micronesia a travel survival kit, South Yarra, Victoria, Australien

Bettelheim, Bruno (1975): Die symbolischen Wunden. Pubertätsriten und der Neid des Mannes, München

Briones, Reuben (Hg.) (1990): Legends of Palau. A Collection of Palauan Legends Bd. I, Koror, Palau
- (1991): Legends of Palau. A Collection of Palauan Legends Bd. II, Koror, Palau

Chasseguet-Smirgel, Janine (1974): Die weiblichen Schuldgefühle, in: dies. (Hg.), Psychoanalyse der weiblichen Sexualität, Frankfurt a. M.

Chodorow, Nancy (1986): Das Erbe der Mütter. Psychoanalyse und Soziologie der Geschlechter, München

Devereux, Georges (1982): Normal und anormal. Aufsätze zur allgemeinen Ethnopsychiatrie, Frankfurt a. M.
- (1984): Angst und Methode in den Verhaltenswissenschaften, Frankfurt a. M.

Downs, R. E. (1983): Head-hunting in Indonesia, in: P. E. De Josselin De Jong (Hg.), Structural Anthropology in the Netherlands, Leiden

Erdheim, Mario und Nadig, Maya (1979): Größenphantasien und sozialer Tod in: Kursbuch 58, S. 115 ff.

Force, Maryanne T. und Force, Roland W. (1981): The Persistence of Traditional Exchange Patterns in the Palau Islands Micronesia, Hawaii
- (1972): Just one House. A Description and Analysis of Kinship in the Palau Islands, Honolulu, Hawaii

Fox, James J. (1988): Introduction, in: ders. (Hg.), To speak in pairs. Essays on the ritual languages of eastern Indonesia, Cambridge

Freud, Sigmund (1912): Totem und Tabu, Gesammelte Werke, Frankfurt a. M.

Heinemann, Evelyn (1989): Hexen und Hexenangst. Eine psychoanalytische Studie, Frankfurt a. M.
– (1990): Mama Afrika. Das Trauma der Versklavung. Eine ethnopsychoanalytische Studie über Persönlichkeit, Magie und Heilerinnen in Jamaika, Frankfurt a. M.
– u. a. (1992): Gewalttätige Kinder. Psychoanalyse und Pädagogik in Schule, Heim und Therapie, Frankfurt a. M.
Hezel, Francis X. (1987): In Search Of The Social Roots Of Mental Pathology In Micronesia in: Robillard, Albert B. u. Marsella, Anthony J. (Hg.), Contemporary Issues in Mental Health Research In the Pacific Islands, Social Science Research Institute, University of Hawaii, Honolulu
Hidikata, Hisakatsu (1973): Palauan Kinship, in: Thomas B. McGrath (Hg.), MARC Publication Nr. 1, Agana, Guam
Josselin De Jong, P. E. de (1983): Introduction: Structural Anthropology in the Netherlands: Creature of Circumstance, in: dies. (Hg.), Structural Anthropology in the Netherlands, Leiden
Kauders, Frank R. (1982): Male Predominance among Palauan Schizophrenics, Int. Journal of Social Psychology 28, H. 2, 97–102
Klein, Melanie (1972): Das Seelenleben des Kleinkindes und andere Beiträge zur Psychoanalyse, Reinbek bei Hamburg
Köhler, Michael (1982): Akkulturation in der Südsee. Frankfurt a. M.
Kohut, Heinz (1975): Die Zukunft der Psychoanalyse, Frankfurt a. M.
Krämer, Augustin (1917): Palau in: Thilenius, G. (Hg.), Ergebnisse der Südsee-Expedition 1908–1910, 1. Teilband, Hamburg
– (1926): dto., 3. Teilband, Hamburg
Kubary, J. (1885): Ethnographische Beiträge zur Kenntnis der Karolinischen Inselgruppe und Nachbarschaft, Heft 1: Die sozialen Einrichtungen der Pelauer, Berlin
Lorenzer, Alfred (1983): Sprache, Lebenspraxis und szenisches Verstehen in der psychoanalytischen Therapie, Psyche 37, H. 2, S. 97 ff.
Mahoney, Francis B. (1950): Projective Psychological Findings in Palau Personality. A Paper Submitted to the Faculty of the Division of the Social Sciences in Candidacy for the Degree of Master of Arts, University of Chicago, Illinois
McKnight, Robert K. (1960): Palauan Names, in: Anthropological Working Papers. A Series Issued from the Office of The Staff Anthropologist Trust Territory of the Pacific Islands, Nr. 3, The Use of Names by Micronesians, Guam
Mentzos, Stavros (1988): Interpersonale und institutionalisierte Abwehr, Frankfurt a. M.
Nero, Karen L. (1990): The Hidden Pain: Drunkenness and Domestic Violence in Palau, Pacific Studies, Bd. 13, Nr. 3, 63–91
– (1992): The Breadfruit Tree Story: Mythological Transformations in Palauan Politics, in: Pacific Studies VI., Bd. 15, Nr. 4

Palau Community Action Agency (PCAA) (1976): A History of Palau. Bd. I, Traditional Palau. The First Europeans, Koror, Palau

Parin, Paul, Morgenthaler, Fritz, Parin-Matthey, Goldy (1963): Die Weißen denken zuviel. Psychoanalytische Untersuchungen in Westafrika, München

Parmentier, Richard J. (1984): The Sacred Remains. Myth, History, and Polity in Belau, University of Chicago

Republic of Palau (ROP) (1984): Division of Cultural Affairs, Bureau of Community Services, Ministry of Social Services: Cheldellel a Uldelid ›l llach ma Blekeradel ma Klebelau ra recheuodek, unveröffentlichte Ausgabe (englische Übersetzung)

– (1986): Census of Population and Housing, Koror, Palau

– (1990): Local Review Listing Summary. 1990 Decennial Census Outlying Areas, Koror, Palau

– (1992): State of the islands Report, Fiscal year 1987–1991, Koror, Palau

Ritzenthaler, Robert E. (1973): Native Money of Palau, Milwaukee Public Museum Publications in Anthropology Nr. 1, Milwaukee

Rosaldo, Renato (1980): Ilongot Headhunting 1883–1974. A Study in Society and History, Stanford, California

Smith, DeVerne Reed (1983): Palauan Social Structure, New Brunswick, New Jersey

Stanley, David (1987): Mikronesien-Handbuch, Bremen

Stumpf, Margaret Kathrine (1970): Palauan Value Orientations and Education, Dissertation, Columbia University

Thyssen, Mandy (1988): The Palau Islands, Koror, Palau

Trust Territory of the Pacific Islands (1991): 44 Annual Report, Koror, Palau

Western Regional Center (1991): The Current Status of Special Education in the Republic of Palau. A report prepared for the ROP Ministry of Education, Special Education, Eugene, Oregon, USA

WHO (1980): International classification of impairments, disability and handicaps, Genf

Winnicott, Donald W. (1988): Aggression. Versagen der Umwelt und antisoziale Tendenz, Stuttgart

Anmerkungen

1 Krämer, 1917, 143
2 Kubary, 1885, 38 f.
3 Kubary, 1885, 90
4 Krämer, 1917, IX
5 Krämer, 1926, 289
6 Lorenzer, 1983
7 Erdheim und Nadig, 1979
8 Devereux, 1984
9 ROP, 1984
10 Stanley, 1987, 179
11 Ritzenthaler, 1973, 9
12 Bendure und Friary, 1988, 136
13 Krämer, 1917, 1
14 Parmentier, 1987, 40
15 PCAA, 1976, 86 ff.
16 Stanley, 1987, 185 ff.
17 ROP, 1992
18 Trust Territory of the Pacific Islands, 1991, 156
19 Briones, 1990, 1; übers. u. gekürzt v. E. H.
20 Briones, 1990, 5 f.; übers. u. gekürzt v. E. H.;
   vgl. das Bild auf dem Umschlag des Buches
21 Nero, 1992, 241; Smith, 1983, 29
22 Devereux, 1982, 11 ff.
23 Devereux, 1982, 22
24 ROP, 1984, 60 f.; übers. u. gekürzt v. E. H.
25 Parmentier, 1987, 66 ff.
26 Smith, 1983, 77 ff.
27 Vgl. Smith, 1983, 76, 82
28 Vgl. Mentzos, 1988, 65
29 Briones, 1990, 22; übers. u. gekürzt v. E. H.
30 Briones, 1990, 9; übers. u. gekürzt v. E. H.
31 Ritzenthaler, 1973, 11
32 Barnett, 1949, PCAA, 1976, 33 ff.
33 PCAA, 1976, 17 ff.
34 Force und Force, 1981, 78, 87

35 PCAA, 1976, 64
36 Thyssen, 1988, 24
37 Smith, 1983, 117
38 Briones, 1991, 25 ff.; übers. u. gekürzt v. E. H.
39 ROP, 1984, 10 ff.
40 Mahoney, 1950; Smith, 1983, 50
41 Parmentier, 1987, 66 ff.
42 ROP, 1984, 1 ff.
43 Kubary, 1885, 73 ff.
44 ROP, 1984, 9, Kubary, 1885, 81
45 Force und Force, 1981, 79
46 ROP, 1984, 1 ff.
47 Parmentier, 1987, 67 ff.
48 McKnight, 1960, 29 ff.; ROP, 1984, 26
49 Kubary berichtet ausführlicher über solche Anschläge: »Der Entschluß, den Häuptling umzubringen (›toholbiy a Rupak‹), kann seinen Grund in der Ungeduld einer anwachsenden Reihe von Vettern oder Brüdern haben oder kann durch die allgemeine Abneigung der Gemeinde, die den Nachfolger dazu auffordert, verursacht werden. Im ersten Falle muß der Nachfolger die Zustimmung der höheren Häuptlinge durch Aaudoud erkaufen, in beiden aber muß die Kabileraklay oder die ›Ara airod‹ ihre Zustimmung geben, sonst kann nichts zustande kommen. Obwohl nun solches ›Toholbiy‹ eine nationale Sitte ist und jeder der Oberhäuptlinge sich auf dieses gefaßt machen muß, wird die Sache so geheim gehalten, daß beinahe jeder solcher Anschlag gelang.

Die Verschworenen suchen sich erst zu vergewissern, wo der Häuptling sein Geld verwahrt, wozu sich die älteste Kourod selbst hergibt, indem sie einige Nächte in dem Hause schläft und auf unverfängliche Weise sich über das Stammgeld orientirt. Das von der vergangenen Zeit überlieferte Geld bewahrt sie ja selbst, es kommt ihr nur darauf an, zu erfahren, wo die Frau des Häuptlings sein neuerworbenes Geld aufbewahrt. Dann wird der dem Tode Geweihte ermordet, entweder durch den Nachfolger selbst oder durch von ihm ausgeschickte jüngere Vettern. Sobald dieses geschehen, nimmt der Nachfolger das Titelhaus in Besitz, und die Frau des Ermordeten wird ›meleket‹. Man fordert von ihr das Geld ihres Mannes ab und legt ihr einen Strick um den Hals, der zugezogen wird, bis sie nachgibt. Darnach erwartet man das Weitere.

Die Häuptlinge versammeln sich im Rathhause, und das ganze Land ist durch den ›Tantadiu‹ (das Blasen des Tritonhornes) zu den Waffen gerufen, und das Haus des Ermordeten, in welchem der Mörder nun verweilt, wird umzingelt, mit Steinen und Speeren (aber nur ins Dach und die Wände!) beworfen und scheinbar der Schuldige mit der gerechten Strafe bedroht. Das alles gehört zum Spiele, und der Bedrohte zahlt nun gemüthlich die bestimmten Gelder für den ›madellakad‹ den todten

Menschen. Ein ›Kalebukub‹ gehet an die Häuptlinge und je ein ›Matal a kluk‹ an jede Seite des Landes für das ›Handakel a lilt‹ das Niederlegen der Speere, wonach die Verhandlung ruhig fortgesetzt wird. Er bezahlt ein großes Stück für ›omad‹ (Todtengeld) und dann die üblichen ›Horrettek‹ und ›Auligil‹ für seinen Antritt, was zwischen die Häuptlinge vertheilt wird, und der neue Häuptling ist fertig… Indessen der Preis für solchen Antritt ist nicht so gering, und der Nachfolger muß seine Mittel gut berechnen, denn die sämtlichen kleinen Länder kommen, um den ›Maderakod‹ zu fragen, und alle müssen bezahlt werden mit je einem kleinen Geldstücke; dann aber kommen die sämtlichen fremden Staate, und zwar auf dem Kriegsfuße herangezogen und jeder der Oberhäuptlinge, die dem Ermordeten gleich im Range waren, muß bezahlt werden.

Die große Kostspieligkeit wie überhaupt das Motiv, ›der Oberhäuptling des Landes zu werden‹, beschränkt die Sitte des ›Tolobiy a Rupak‹ nur zu den Familien Udus, Aydid, Turo, Kloublay und Atulblay, die in den verschiedenen Staaten die Stelle No. 1 einnehmen. Die sämtlichen übrigen Blays sind von der Notwendigkeit so gewaltsamer Maßregeln verschont, und hier erfolgt die Nachfolge in ruhigem Wege der natürlichen Beerbung (Kubary, 1885, 43 ff.).«

Der Zwang, die älteren Frauen bei wichtigen Entscheidungen um Zustimmung zu fragen, gibt nach Kubary den Frauen enorme Macht. Hier ein weiteres Beispiel für die Macht der Frauen:

»Als vor einigen Jahren Ara Klay also der mächtigste Häuptling Pelaus um sein Leben bange war und seine Vetter im Verdachte hatte, daß sie ihm den Garaus machen wollen, machte er der heutigen Kourod Vorstellungen oder Vorwürfe, da sie die Mutter des nächsten Vetters ist und der Sitte nach zu seiner Ermordung die Zustimmung geben muß, was dieselbe in einen großen Zorn brachte. ›Wenn sie dich umbringen wollen‹, rief sie ihm zu, ›warum lebst du denn noch? Nimmt es so viel Zeit ein, dich umzubringen? Du bist aber thöricht und feige und besser deshalb gehe weg, wenn du feige bist, ich werde für dich Rupak sein.‹ Der beleidigte Ara Klay packte ein und ging weg nach Ngorsul, wo er einige Monate lebte, ohne daß die Alte ihn zurückrufen ließ. Sie vertrat seine Stelle, und die Häuptlinge verhielten sich passiv und abwartend, und endlich sandte Araklay ihr ein Stück Geld, um sie zu versöhnen, und sie sandte umgehend einen Kaldebekel ihn abzuholen. Seitdem ist Araklay vor der Kourod bange und hütet sich, mit ihr anzubinden. Dieses kann eine genügende Vorstellung von der Macht der Frauen auf den Pelau-Inseln geben (Kubary, 1885, 82).«

50 Vgl. Josselin De Jong, 1983; Fox, 1988, 26
51 Klein, 1972
52 Vgl. Winnicott, 1988
53 Briones, 1990, 30; übers. u. gekürzt v. E. H.

54 Briones, 1990, 16; übers. u. gekürzt v. E. H.
55 PCAA, 1976, 53 ff.
56 Kubary, 1885, 82 ff.
57 PCAA, 1976, 53 ff.
58 Force und Force, 1972, 21
59 Krämer, 1926, 280
60 Kubary, 1885, 98 f.
61 PCAA, 1976, 53 ff.
62 Parmentier, 1987, 117
63 Krämer, 1926, 284; PCAA, 1976, 53 ff.; Force und Force, 1972, 19
64 Force und Force, 1972, 20
65 PCAA, 1976, 53 ff.
66 Kubary, 1885, 50 f.
67 Kubary, 1885, 52, 92
68 Krämer, 1926, 274 ff.
69 Force und Force, 1981, 84
70 Kubary, 1885, 53
71 Kubary, 1885, 97 f.
72 Smith, 1983, 93
73 PCAA, 1976, 2
74 Briones, 1990, 1 ff.; übers. u. gekürzt v. E. H.
75 Köhler, 1982, 53
76 ROP, 1984, 51 ff.
77 Smith, 1983, 204 ff.
78 Smith, 1983, 51 ff.
79 vgl. Barnett, 1960, 4 ff.
80 Barnett, 1949, 121
81 Kohut, 1975
82 Briones, 1990, 14 f.; übers. u. gekürzt v. E. H.
83 Briones, 1990, 29 f.; übers. u. gekürzt v. E. H.
84 PCAA, 1976, 62; Kubary, 1885, 60
85 ROP, 1984, 15 ff.
86 Smith, 1983, 138 ff.
87 Force und Force, 1981, 86; Ritzenthaler, 1973, 28 f.
88 ROP, 1984, 15 ff.
89 Ashby, 1989, 11
90 Force und Force, 1981, 86
91 Briones, 1990, 20; übers. u. gekürzt v. E. H.
92 Briones, 1990, 25 f.; übers. u. gekürzt v. E. H.
93 Krämer, 1926, 269
94 ROP, 1984, 41
95 ROP, 1984, 24 ff.
96 Ritzenthaler, 1973, 23
97 ROP, 1984, 24 ff.

98 Smith, 1983, 164
99 vgl. Krämer, 1926, 272
100 Smith, 1983, 167f.
101 Smith, 1983, 169f.; ROP, 1984, 25f.
102 Smith, 1983, 277ff.
103 McKnight, 1960, 29ff.
104 ROP, 1984, 31
105 Smith, 1983, 276ff.
106 ROP, 1984, 32
107 ROP, 1984, 30ff.
108 Force und Force, 1981, 86
109 ROP, 1984, 44
110 PCAA, 1976, 77ff.
111 Barnett, 1960, 80
112 Freud, 1912, 174
113 Kubary, 1885, 137f.
114 Force und Force, 1981, 85
115 Kubary, 1885, 124ff.
116 Kubary, 1885, 128ff.
117 Kubary, 1885, 149
118 Force und Force, 1972, 78, 82
119 Vgl. Chodorow, 1986, zum Problem des Identifikationswechsels in der männlichen Entwicklung. Die frühe Identifizierung mit der Mutter muß zugunsten männlicher Identifizierung abgewehrt werden.
120 Chasseguet-Smirgel, 1974, 166
121 Downs, 1983, 117ff.
122 ROP, 1984, 41ff.
123 Ich spreche von körperlicher Beeinträchtigung in Anlehnung an die Definition der WHO (1980, 27ff.), die zwischen psycho-physischer Schädigung *(impairment)*, funktioneller Beeinträchtigung *(disability)* und Behinderung *(handicap)* unterscheidet. Aufgrund einer Schädigung des Auges oder Gehirns beispielsweise kann jemand beeinträchtigt sein, eine bestimmte Tätigkeit auszuführen. Behindert ist er nach dieser Definition erst, wenn er soziale Einschränkungen erfährt, eine seinem Alter und Geschlecht angemessene Rolle auszuüben. Behinderung ist das Ergebnis sozialer Interaktion.
124 Briones, 1990, 17; übers. u. gekürzt v. E. H.
125 Parin, 1963, 411ff.
126 Chodorow, 1986, 122ff.
127 Vgl. Bettelheim, 1975
128 Vgl. Heinemann, 1990, u. Heinemann u. a., 1992

Evelyn Heinemann / Udo Rauchfleisch / Tilo Grüttner

Gewalttätige Kinder
Psychoanalyse und Pädagogik in
Schule, Heim und Therapie

Band 10760

Aggressive Kinder, Jugendliche und Erwachsene sind nicht Menschen, die einfach »triebhaft« aggressive Impulse ausleben. Bei ihnen liegen vielmehr kompliziertere Störungen der gesamten Persönlichkeit vor, die ein spezifisches pädagogisches und therapeutisches Vorgehen erfordern. Die Autoren dieses Bandes berichten von Kindern und Jugendlichen, ausschnittweise auch von Erwachsenen, mit denen sie in ihren Arbeitsfeldern, in Schule, Heim und Psychotherapie, gearbeitet haben. Modelle wie szenisches Verstehen und fördernder Dialog sowie neue Konzepte zur Psychodynamik der Aggression werden praxisnah in ihrer Anwendbarkeit dargestellt. Die Kombination des psychoanalytischen und des pädagogischen Ansatzes, der traditionell die Auseinandersetzung mit der Realität stärker in den Mittelpunkt stellt, scheint eine äußerst fruchtbare Möglichkeit zu schaffen, die aggressiven Menschen in besonderer Weise gerecht wird.

Fischer Taschenbuch Verlag

Geist und Psyche
Begründet von Nina Kindler 1964
Psychologische Ratgeber

Evelyn Heinemann/
Udo Rauchfleisch/
Tilo Grüttner
**Gewalttätige
Kinder**
Psychoanalyse
und Pädagogik
in Schule, Heim
und Therapie
Band 10760

Karen Horney
Selbstanalyse
Band 12571

Sheldon B. Kopp
**Das Ende
der Unschuld**
Ohne Illusion
leben
Band 11375

Michael L. Moeller
Anders helfen
Band 11013

H. Nagera (Hg.)
**Psychoanalytische
Grundbegriffe**
Band 42288

Erich Neumann
**Zur Psychologie
des Weiblichen**
Band 42051

Gertrud Orff
**Die Orff-Musik-
Therapie**
Band 42193

Badi Panahi
**Grundlagen
der modernen
Psychotherapie**
Band 12021

N. Peseschkian
**Psychosomatik
und Positive
Psychotherapie**
Band 11713

Erving und
Miriam Polster
Gestalttherapie
Band 42150

Carl R. Rogers
**Therapeut
und Klient**
Band 42250

Ernst Simmel
**Psychoanalyse und
ihre Anwendungen**
Band 11348

Daniel Widlöcher
**Was eine Kinder-
zeichnung verrät**
Band 42254

Hans Zulliger
**Umgang mit
dem kindlichen
Gewissen**
Band 42324

Fischer Taschenbuch Verlag

fi 356 / 19 b